Hofläden & Manufakturen

NIEDERRHEIN

Susanne Wingels

Impressum

Bildnachweis
S. 7, 8 oben links: Spargelhof Schippers, S. 14 unten rechts und unten links: Niederrhein Destille, S. 33, 34 oben links und oben rechts: Obstkelterei van Nahmen, S. 40 unten links und unten rechts: Sandra Smeyts, S. 45: Biolandhof Frohnenbruch/ Klaus Bird, S. 49 (beide): Frank Reinert für Zentrum Kloster Kamp, S. 56, 57: Kevelaerer Landmomente, S. 76 oben: Marlies Mc Donell, S. 91 oben: Korbmacherin Margret Schiffer, S. 95 unten: Marlen Baumann, S. 100 unten: Hochwald-Spargel GbR/ Ruth Poen, S. 110 oben rechts und oben links, 112: Stautenhof; alle weiteren Aufnahmen: Susanne Wingels

Weiterführende Links / Informationen:
www.gutes-vom-niederrhein.de
https://marktschwaermer.de
www.ackerhelden.de
https://landvergnuegen.com/
https://feines-vom-land.de/
https://www.genussregion-niederrhein.de
https://niederrhein-tourismus.de/genuss
https://www.landservice.de
www.bioregion-niederrhein.de
www.vomhofladen.de
www.hofladen-niederrhein.de
www.meinbauernhof.de

1. Auflage 2023

Umschlaggestaltung und Layout: r2 | Ravenstein, Verden
Satz: Christiane Zay, Passau
Druck: Druck- und Verlagshaus Thiele & Schwarz GmbH, Kassel
Buchbinderische Verarbeitung: Buchbinderei S. R. Büge, Celle
Gesamtherstellung: Wartberg-Verlag GmbH
34281 Gudensberg-Gleichen, Im Wiesental 1
Telefon: 0 56 03 -9 30 50
www.wartberg-verlag.de
ISBN: 978-3-8313-3407-0

INHALT

VORWORT

Blühende Landschaften! Der Niederrhein ist mit seiner Weite, der vielseitigen, fruchtbaren Erde und dem aufgrund der niedrigen Höhe über dem Meeresspiegel stets erreichbaren Grundwasser ein wahrer Quell an landwirtschaftlichen Erzeugnissen. Die Bandbreite reicht vom Klassiker, der Kartoffel, über Getreide, Obst und Gemüse und satte Weiden für das Vieh bis hin zu Spezialitäten wie dem Spargel, der sehr spezielle Ansprüche an den Untergrund stellt.

Das alles spiegelt sich auch in den liebevoll gestalteten Hofläden der Direktvermarkter in der Region wider, deren Produkte keine Wünsche offenlassen. Dem Verbraucher kommt zudem die kollegiale Vernetzung etlicher landwirtschaftlicher Produzenten zugute, sodass sich in den kleinen und großen Märkten der Region eine bunte Vielfalt an hochwertigen Produkten präsentiert. Ergänzt wird das breite Angebot durch innovative Manufakturen, die ihre Heimat am Niederrhein gefunden haben – seien es nun Kaffee- oder Bier-, Destillate- oder auch Eishersteller, die die heimischen Produkte als Basis für ihre Erzeugnisse nutzen. Historische Mühlen sind nicht nur als technische Denkmäler sehenswert, sondern gehören mit Backwaren aus vor Ort gemahlenem heimischem Getreide ebenfalls in dieses Buch.

Den Niederrhein kulinarisch zu erkunden, indem Sie Direktvermarkter aufsuchen und ihre Hofläden nutzen, macht einfach Freude! Und hinterlässt das gute Gefühl, die Hersteller unserer LEBENSmittel direkt und ungefiltert als Dank für ihre unermüdliche Arbeit zu unterstützen. Die Auswahl ist nahezu grenzenlos und der Platz in diesem Buch allzu begrenzt. Daher kann ich Sie nur ermuntern: Schauen Sie rechts und links, und folgen Sie den oft handgemalten Hinweisschildern am Wegrand. Es erwarten Sie nicht nur hochwertige Produkte am Ort ihres Anbaus und das gute Gefühl, nachhaltig zu handeln, sondern auch Einblicke in vielfältige Höfe und der Kontakt zu interessanten Menschen, die Ihnen spannende Informationen zu ihren Produkten vermitteln. Probieren Sie es aus!

Ich wünsche Ihnen viel Freude dabei!
Herzlichst,
Susanne Wingels

ALPEN-VEEN: SPARGELHOF SCHIPPERS

Kleine und große Veranstaltungen

Worüber das Team des Spargelhof Schippers besonders froh ist? Die Corona-Jahre 2020 und 2021 überstanden zu haben! Dabei gibt es so viel, worauf die Inhaber Achim und Markus Schippers und Roman Merkewitsch stolz sein können: Neben dem Hofladen bieten sie während der Spargelsaison von Mitte April bis 24. Juni in neun Verkaufsständen Spargel und Erdbeeren an, und zwar zwischen Kamp-Lintfort und Xanten linksrheinisch sowie rechtsrheinisch in Wesel. Auf dem Hof selbst wird nicht nur der in Alpen-Veen produzierte weiße und grüne Spargel verkauft, sondern ebenso Kulinarisches aus der Hofküche „fertig für die Mikrowelle" angeboten. Außerdem eine Vielzahl von regionalen und saisonalen Produkten (Kartoffeln, Eier, Gemüse, Wurstwaren, Getränke wie Säfte und Weine, Gewürze, Eis, Pflanzen, Dekoartikel und vieles mehr).

Bereits ein erster Blick auf die Hofanlage zeigt, dass es sich bei dem Spargelhof Schippers um ein ganz außerordentliches Eventgelände handelt. Ein bayerisch anmutender Biergarten mit durch Hecken abgeteilten Sitzbereichen sowie einer Thekenhütte mit Zapfanlage lädt zum Feiern, Grillen und Verweilen ein. Der angrenzende weiträumige Spielplatz wird beherrscht von einem bunten Hüpfkissen und einer

SPARGELHOF SCHIPPERS

SPARGELHOF SCHIPPERS

•

Tackenstraße 14
46519 Alpen-Veen
www.spargelhof-schippers.de

Seilbahn und lässt keine Kinderwünsche offen. Dominiert wird das Gelände von einem Gastronomiezelt, das als größtes Spargelzelt am Niederrhein gilt und Menschen von nah und fern in die Region lockt. Ergänzt wird das Programm durch Partyevents und Open-Air-Veranstaltungen, bei denen sich das Areal rund um den Hof zu Recht als „Festivalgelände" bezeichnen darf. Doch das ist noch nicht alles: Privatpersonen und Gruppen können Festscheune, Landstube und Biergarten oder auch einen Catering-Service für ihre Feierlichkeiten buchen. Für Gruppen werden Hofführungen angeboten, in der Regel kombiniert mit einem ausgiebigen Spargelessen. In der Herbst- und Wintersaison finden Reisebusse wegen des zünftigen „Grünkohlessens" den Weg nach Alpen-Veen.

Neueste Errungenschaft des nimmermüden Teams: Das Karthaus X², eine Gastronomie mit Restaurant, Kneipe und Biergarten im Ortskern von Xanten im historischen Gebäude neben dem Rathaus.

Tipp

Nur wenige Kilometer entfernt befindet sich frei zugänglich ein römisches Amphitheater, das unter anderem als Freilichttheater genutzt wird. Die kreisförmige Anlage auf dem Fürstenberg bei Xanten-Birten ist ein Relikt des ehemaligen römischen Heerlagers Vetera, das etwa 13/12 v. Chr. erbaut wurde. Es ermöglichte seinerzeit die Errichtung eines nahe gelegenen Rheinhafens, der wiederum dazu führte, dass um 100 n. Chr. die Stadt Colonia Ulpia Traiana entstand, deren Überreste und Rekonstruktionen heute als LVR – Archäologischer Park Xanten zu besichtigen sind.

BEDBURG-HAU: BERKHÖFEL NATURKULTUR

Streuobstwiesen und Marktschwärmerei

Hinter dem verschlafenen Hinweisschild „Kartoffeln“ an der Uedemer Straße zwischen Schneppenbaum und dem Lindchen verbirgt sich so viel mehr! Mit viel Liebe und Idealismus hat sich eine junge Arbeitsgemeinschaft um Hendrik van Aken und Simon Geißler dem Thema Nachhaltigkeit verpflichtet. Das beginnt mit der Landschäferei: Coburger Fuchsschafe und ihre Lämmer beweiden Streuobstwiesen und betreiben damit Landschaftspflege. Ihr Fleisch (Bioland-zertifiziert), Felle, Wolle und daraus hergestellte Kleidung und Decken werden ebenso wie Knochen und Innereien für Hunde in einem bunten Bauwagen vor Ort zum Verkauf angeboten. Das auf den beweideten Wiesen gesammelte Streuobst wird präsentiert, so wie der selbst gemachte Saft, Apfelringe, Apfelmark, Apfelkraut, Rübenkraut und Fruchtaufstrich. Außerdem gibt’s auf dem Hof angebautes Gemüse sowie Eier der hofeigenen Freilandhühner – alles Bio natürlich! Da ist die Gurke auch schon einmal krumm, schmeckt aber umso besser.

Für die Zukunft hat man Großes vor: Die Niederrhein-Destille soll hierher umziehen. Ausgestattet mit dem Wissen und den Rezepturen der langjährigen Betreiber de Schrevel soll vor Ort ein größeres Raumangebot entstehen, das reichlich Möglichkeiten bietet: Tastings, Workshops, Veranstaltungen für kleine Gruppen, Firmenevents ... Der Fantasie sind keine Grenzen gesetzt.

BERKHÖFEL NATURKULTUR

Uedemer Straße 196
47551 Bedburg-Hau
www.berkhoefel-naturkultur.de | https://marktschwaermer.de

Ein Großprojekt wurde am 16. August 2022 eingeweiht: Der Nordkreis Kleve hat nun hier in Bedburg-Hau jeweils dienstags von 16.30 bis 18 Uhr eine eigene „Marktschwärmerei". An anderen Orten ist das Prinzip bereits bekannt: Ähnlich wie bei einem Wochenmarkt werden an einem Ort von verschiedenen Erzeugern hochwertige Lebensmittel angeboten. Der Unterschied: Die Waren werden zuvor über eine Plattform im Internet bestellt und bezahlt und können dann vor Ort abgeholt werden. So kommen Direktvermarkter und Kunden zusammen, ohne dass unnötig Waren transportiert werden. Zur Eröffnung waren bereits Gemüse, Obst, Kartoffeln und Kartoffelprodukte (z. B. regionale Bio-Chips), Fleisch, Milchprodukte, Käse, Eier, Nudeln, Mühlenbrot, Honig, Feinkost, Seifen aus einer Manufaktur und die Geiste und Brände der Niederrhein-Destille vor Ort erhältlich, größtenteils in Bio-Qualität. Das Team der Schwärmerei Berkhöfel hofft, das Angebot in Zukunft noch ausweiten zu können. Durchschnittliche Entfernung der Erzeuger zum Markt: 19 km. Natürlich sind auch Besucher zum Kennenlernen und Probieren willkommen – „Schnuppern" lohnt sich!

Tipp

Nur wenige Kilometer entfernt bietet das neugotische Schloss Moyland Kunstinteressierten mit der Sammlung van der Grinten moderne Kunst und Werke von Joseph Beuys. Der Schlosspark lädt mit Kräutergarten, Laubengang und Landschaftspark zur Erholung ein.
www. moyland.de

BRÜGGEN-GENHOLT: BAUERNHOFCAFÉ GENHOLTER HOF

Ein gastlicher Ort

Es ist die Liebe zum Detail, die den Genholter Hof so einladend erscheinen lässt – ein Ort der Gastlichkeit, der viel zu bieten hat: einen Hofladen, ein Bauernhofcafé und drei Gästezimmer. Der Weg ist leicht zu finden, denn bereits an der B221 zwischen Brüggen und Bracht weisen Schilder auf den Hof hin. Vor Ort begeistert zunächst die optische Gestaltung, die weit mehr ist als nur das Tüpfelchen auf dem i: der Mosaikweg im Fußboden, der durch den Hofladen führt, die Pflanzen im Innenhof oder auch die Balkendecke mit bäuerlichen Utensilien im Kaminzimmer des Cafés.

Kartoffeln werden bereits seit 1960 angebaut, 1985 folgte der Spargel, 2009 Erdbeeren und 2021 Süßkartoffeln. Die Produkte werden nicht nur im hofeigenen Laden angeboten, sondern auch im örtlichen Einzelhandel. Zur Spargelzeit kommen vier Verkaufsstellen in Form von Marktständen oder Holzbuden hinzu. Nachdem die hofeigenen Erzeugnisse bereits seit 1989 im eigenen Hofladen direkt vermarktet wurden, entstand 1999 die Idee, in einem früheren Kuhstall, der mittlerweile als Scheune genutzt wurde, ein Spargelrestaurant einzurichten. Seitdem reisen während der

BAUERNHOFCAFÉ GENHOLTER HOF

Familie Ingenrieth
Genholter Straße 61, 41379 Brüggen-Genholt
www.genholter-hof.de

Saison täglich Busse mit Gästen an, die vor Ort den Spargel „vom Feld bis auf den Teller" erleben und genießen. Im gleichen Jahr wurde von montags bis samstags der Cafébetrieb aufgenommen, um die Räumlichkeiten ganzjährig zu nutzen. Die Gäste freuen sich über ein reichhaltiges Frühstücksbuffet sowie Kaffee und Kuchen. Sogar Übernachtungen sind möglich: Zum Hof gehören drei moderne Gästezimmer.

„Jung, offen und modern" ist die Devise auf dem Genholter Hof. Im Juli 2023 übernimmt mit Christina Ingenrieth die nächste – die 4. – Generation das Ruder, natürlich weiterhin unterstützt durch die Eltern Hermann und Gertrud sowie durch Schwester Kathrin und den Landwirt Yannik Meiners. Transparenz ist genauso wichtig wie Regionalität.

Man ist gesprächsbereit und offen, und Veranstaltungen wie der kunsthandwerkliche Adventsmarkt im November oder kreative Workshops mit lokalen oder regionalen Kursleitern kommen Kunden und Dorfgemeinschaft gleichermaßen zugute. Ob kreativ, auf dem Teller, in der Einkaufstasche oder als Übernachtungsmöglichkeit: Es gibt reichlich Gelegenheit, auf dem Genholter Hof schöne Dinge zu erleben.

Tipp

Ein Besuch auf dem Genholter Hof lässt sich hervorragend mit einer Wanderung im Elmpter Schwalmbruch kombinieren. Die Landschaft des Naturparks Schwalm-Nette ist schier unendlich und macht einfach Freude!
www.npsn.de

EMMERICH: NIEDERRHEIN DESTILLE

Prämierte Geiste und Brände vom Land

EMMERICH: NIEDERRHEIN DESTILLE

Dorfstraße 59
46446 Emmerich am Rhein
www.niederrhein-destille.de

Nicht weit vom Rhein entfernt befindet sich in einem verschlafenen Örtchen Deutschlands kleinste gewerbliche Verschlussbrennerei. Fast privat mutet das Gebäude an, doch kaum betritt man den liebevoll gestalteten Verkaufsraum der Niederrhein Destille, wird klar: Hier im Emmericher Ortsteil Dornick wird experimentiert, was das Zeug hält! Regional sind die Zutaten und der Vielfalt der Rezepturen sind keine Grenzen gesetzt. So wird beispielsweise kräftiges Roggenbrot der hiesigen Bäckerei Heicks & Teutenberg für einen Brotbrand verwendet. Aus dem Bockbier von „Walter Bräu“ (siehe Seite 110) reift im Holzfass ein zünftiger Bierbrand! Die Namen sind fantasievoll und heimatverbunden: Die Kräuterliköre „Deichfee“ und „Deichteufel“ erinnern ebenso an die Nähe zum großen Strom wie der Gin „Junip Rhenus“ (Rhenus ist die lateinische Bezeichnung des Rheins). Thorneke, der Whisky, wurde nach dem ursprünglichen Namen des Dorfes Dornick benannt. Kombiniert mit echtem Dornicker Honig, wird daraus Senf hergestellt. Äpfel, Birnen, Kirschen, Erdbeeren, Himbeeren, Brombeeren, Zwetschgen, Quitten, Wacholder, Haselnüsse und sogar in Emmerich gerösteter Kaffee – aus all diesen regionalen Zutaten entstehen Brände, Geiste und Liköre, teilweise sogar sortenrein. Im März 2022 verliehen „Badens Brenner“ den Bränden der Apfelsorten Elstar und Topaz die Goldmedaille! Ebenfalls ein

Überraschungserfolg: Der „Roggenkorn nach alter Art" aus dem Holzfass. Der Schrot stammt aus einer nahe gelegenen niederländischen Mühle. Insgesamt fünf Spirituosen der Destille erhielten diese hohe Auszeichnung, alle zwölf eingereichten Produkte erreichten das „Treppchen": Weitere sechs Silbermedaillen und eine Bronzemedaille gingen nach Dornick. Inzwischen ist der vor zweieinhalb Jahren in einem ehemaligen Cognac-Fass angesetzte Weinbrand fertig gereift und erhält von allen Seiten großes Lob!

Hinter all dieser Kreativität stecken Andre und Ingeborg de Schrevel, die die Brennerei seit 2007 betreiben. Ganz aufhören werden sie wohl kaum. Inzwischen haben sie das Rentenalter erreicht und werden ihre Destille mit allen Rezepturen in liebevolle Hände abgeben, die sie in Ruhe einarbeiten und nach Kräften weiter unterstützen werden: Das Team der Landschäferei Berkhöfel mit seinen Streuobstwiesen und der „Marktschwärmerei" am Dienstagabend (siehe Seite 10) bereitet bereits alles vor und plant in einem eigens dafür hergerichteten Gebäude Tastings, Workshops, Firmenevents und Veranstaltungen für kleine Gruppen. Etwa ab 2024 befindet sich die Niederrhein Destille in Bedburg-Hau.

Tipp

Ein Ausflug zum auf einem Hügel liegenden Emmericher Ortsteil Hochelten ist sehr empfehlenswert: Der 1000 Jahre alte Drusus-Brunnen, die ebenso alte St.-Vitus-Kirche und die Aussicht über die Rheinebene sind ein Erlebnis, das man nicht so schnell vergisst!
www.emmerich.de

GELDERN-WALBECK: SPARGELHOF DERCKS

„Arche des Geschmacks“

Besonderheiten gibt es viele. So hat im Spargeldorf Walbeck jeder Hof seinen eigenen Schwerpunkt, der ihn einzigartig macht. Auf dem Hof der Familie Dercks wird der Spargel nicht nur im Freiland angebaut, sondern auch in Handarbeit im Gewächshaus. Dieser Spargel ist früher reif, weicher, zarter und aufgrund des größeren Aufwands teurer.

Thomas Dercks war der erste, der 2015 den Huchelspargel zurück „nach Hause“ holte. 2022 erhielt er von „Slow Food Deutschland“ die Auszeichnung „Arche des Geschmacks“. Die alte Spargelsorte wurde in den 1950er-Jahren vom Walbecker Spargelprofessor August Huchel gezüchtet und bis in die 1990er-Jahre in Walbeck angebaut. Hierbei standen Pflanzen beiderlei

Geschlechts auf den Feldern. Moderne ertragsstärkere Hybridsorten verdrängten sie vom Markt, bis der Huchelspargel vor wenigen Jahren in seine Heimat zurückkehrte. Die Stangen sind von sehr feiner Textur und schmecken eleganter, zarter und nussiger, mit einem Aroma, das Mitte Mai am intensivsten ist. Probieren Sie es aus – Walbecker Huchelspargel schmeckt hervorragend!

Noch etwas hat der in die Gewächshauslandschaft integrierte Hofladen zu bieten: Die Besucher können gleich vor Ort miterleben, wie der frisch geerntete Spargel gewaschen und sortiert wird. Eine spannende Erfahrung, die nicht überall geboten wird und den Respekt vor der Leistung der Landwirte und vor dem Nahrungsmittel, das man letztlich auf den Tisch bringt, deutlich steigert. Außerdem gibt es weitere regionale

SPARGELHOF DERCKS

•

Bosserweg 6
47608 Geldern-Walbeck
www.spargelhof-dercks.de

Produkte wie Erdbeeren, Hühner- und Gänseeier und vieles mehr. Ein Teil der Ware geht an die örtliche Gastronomie und einige Großabnehmer.

Selbstverständlich gibt es die Möglichkeit, an einer Führung teilzunehmen. Während der Saison halten täglich Busse für ganztägige Walbeck-Spargel-Erlebnisprogramme vor dem Hoftor. Die Besucher sind in bester Gesellschaft: Auch der bekannte Koch Björn Förster war schon als „Vorkoster" vor Ort, um mehr über das „weiße Gold" zu erfahren. Und dazu weiß Familie Dercks eine ganze Menge zu erzählen – schließlich baut sie Spargel an, seit er den Weg nach Walbeck fand, mittlerweile in der 3. Generation.

Und der Nachwuchs „scharrt schon mit den Hufen", um die Familientradition weiterzuführen.

Tipp

Der Hof befindet sich unmittelbar an der niederländischen Grenze. Bis zu den Maasduinen, einem 45 m^2 großen Naturschutzgebiet auf der rechten Seite der Maas, sind es nur wenige hundert Meter. Auf deutscher Seite liegt Schloss Walbeck direkt an der Grenze und bietet mit Biergarten, Waldspielplatz, Tipidorf und Nierspaddeln ein buntes Freizeitprogramm. Übernachtungen, Teambuilding und weitere Aktionen können zugebucht werden.
www.np-demaasduinen.nl
www.schloss-walbeck.de

GELDERN-WALBECK: SPARGELHOF JANSSEN

Ein Herz für Walbeck

SPARGELHOF FAMILIE JANSSEN

•

Maasstraße 81
47608 Geldern-Walbeck
www.spargelhof-janssen.de

Vor den Toren von Walbeck, in der weiten Landschaft zwischen den Feldern unweit der niederländischen Grenze, lädt ein Hof zum Schlemmen und Erkunden ein. Es ist durchaus denkbar, dass Sie von einer waschechten Prinzessin bedient werden – einer ehemaligen Walbecker Spargelprinzessin! Anita Janßen trug den Titel im Jahr 2009, ihre Schwägerin Birgit 2014. Die beiden können aufregende Geschichten aus ihrer Amtszeit berichten – bis nach London ging die Reise, wo der Walbecker Spargel großen Anklang fand.

Walbecker Spargel ist in ganz Deutschland und im Ausland bis in die USA und nach Asien hinein für seinen besonders guten Geschmack bekannt. Der Sandboden zur Maas hin mit einem tief liegenden Grundwasserspiegel bietet optimale Anbaumöglichkeiten bei einem guten Nährstoffgehalt. In den 1920er-Jahren begann der „Spargel-Major" Dr. Klein-Walbeck mit dem Anbau der Pflanzen, die er in Frankreich kennengelernt hatte. Die ärmliche Bevölkerung, die vorher hauptsächlich vom Schmuggel gelebt hatte, baute das „weiße Gold" auf jeder freien Fläche an. Feinschmecker kamen von weither ins „Spargeldorf", sodass bereits 1929 eine Genossenschaft gegründet wurde – die einzige in Deutschland.

Familie Janßen ist bereits seit den 1930er-Jahren dabei, mittlerweile in der 3. Generation. Sie vermarktet ihre Ware ausschließlich selbst: im Hofladen sowie ganzjährig auf mehreren Wochenmärkten und im hofeigenen Verkaufshäuschen. Selbstverständlich nur mit frischen Produkten, entsprechend der Saison, wie z. B. Äpfel, Pflaumen, Johannisbeeren, Tomaten oder Gurken. Von April bis Juni fahren täglich Reisebusse den Hof an. Nach einem Begrüßungsschnaps werden die Gäste im Café verköstigt und können nach Herzenslust einkaufen und sich informieren. Sehr empfehlenswert sind die Spargelführungen, bei denen gut gelaunt reichlich Wissen über den Spargel und dessen Anbau vermittelt wird. Außerdem werden die

Technik des Spargelstechens anschaulich vorgeführt und die verschiedenen Stadien der Pflanze erklärt. Im Anschluss geht es für die Gäste mit einem Restaurantbesuch und einer Führung durch Walbeck weiter.

Quirlige Geschäftigkeit herrscht im ganzen Dorf beim Umzug der Spargelprinzessin am ersten Maiwochenende. Bei der Organisation dieses Events, das Besucher – nicht nur aus der Region – anlockt, ist Familie Janßen federführend aktiv und schafft es nebenbei noch, ein eigenes Hoffest auszurichten. Das ist nicht alles: Der jährliche Spargel- und Handwerkermarkt ist sehr beliebt und alle zwei Jahre im Juni findet das große Schmugglerspektakel (organisiert vom Musikverein Walbeck) statt, bei dem der ganze Ort mit einem Theaterstück und Kostümen in die 1920er-Jahre zurückversetzt wird. Grund genug, im Anschluss eine große Party zu feiern und ein buntes Festprogramm auf die Beine zu stellen. Familie Janßen ist natürlich immer aktiv dabei.

Aber selbst ein „einfacher Einkauf" im schmucken Hofladen bietet Glücksmomente. Neben weißem und grünem Spargel und Erdbeeren gibt es ein breites Ergänzungsangebot mit regionalen Produkten bis hin zu Orchideen und Kinderkleidung. Alles ist liebevoll arrangiert, und durch die Glasfront lässt es sich vorzüglich über die Spargelfelder auf die Walbecker Silhouette mit den beiden Mühlen blicken!

Tipp

An warmen Tagen ist ein Besuch des Waldfreibads sehr zu empfehlen. Mitten im Wald, in wunderbarer naturnaher Umgebung unweit der Grenze, betreiben Ehrenamtler ein Freibad mit mehreren Becken, Rutsche und Sprungturm, das neben dem kühlen Nass jede Menge Freizeitspaß bietet. Daneben ist das Bad eine Eventstätte.
www.waldfreibad-walbeck.de

GELDERN-WALBECK: SPARGEL- & BLAUBEERHOF KISTERS

Bio-Umstellungsbetrieb für Spargel und Blaubeeren

Das wohl bekannteste Wahrzeichen Walbecks ist die Steprather Mühle, in der von April bis Oktober jedes Wochenende zahlreiche Ausflügler hauseigene Backwaren genießen. Zur Spargelzeit und während der Blaubeersaison bekommt dieser Besuchermagnet jedoch Konkurrenz. Gleich nebenan, quasi im Schatten der Mühle, bietet der Familienbetrieb Kisters seinen selbst produzierten Spargel an. Im geräumigen, liebevoll bestückten Hofladen präsentieren sich verschiedene Sorten und Sortierungen, darunter auch grüner Spargel und Huchelspargel. Bei Cumulus handelt es sich um eine Sorte, die aufgrund der besonderen Anbauform vor Ort als „Walbecker-Trikolore-Spargel" mit dreifarbigen Stangen angeboten wird. Mit von der Partie sind diverse Ergänzungsprodukte: Hausmacher Sauce Hollandaise, Erdbeeren und Erdbeerprodukte, Kartoffeln, heimischer Honig, Birnen- und Apfelkraut, Nudeln, Eier, sorgfältig zusammengestellte Geschenkkörbe und vieles mehr. Den Spargel gibt es auch geschält und vakuumiert.

Seit April 2021 werden Spargel und Blaubeeren auf dem Spargelhof Kisters ausschließlich biologisch angebaut. Der Betrieb gilt als Umstellungsbetrieb nach den Grundsätzen der EU-Bio-Verordnung. Bereits 1992 hatte sich die Walbecker Spargelbaugenossenschaft dem kontrollierten, integrierten Verfahren verpflichtet. Das QS-Prüfzeichen garantiert die lückenlose Qualitätssicherung. Einen Einblick in den Bio-Anbau und die Arbeitsweisen gibt es für Gruppen nach einem Begrüßungsschnaps

bei der Besichtigung der Spargelfelder und des Hofes, bevor nach einem Mittagessen in einem Walbecker Spargelrestaurant das Dorf besichtigt wird. Anschließend geht es ins hofeigene Café „Op de Däl“, wo Omas selbst gebackener Kirschstreusel-Kuchen mit Kaffee und/oder Tee genossen werden kann. Zur Blaubeersaison gibt es ein ähnliches Programm, kombiniert aus einem Besuch der Blaubeerplantage und einem Mittagessen im nahe gelegenen Schloss Walbeck.

Auf der Homepage wird sehr schön erklärt, was es mit dem Walbecker Anbaugebiet und der Spargelpflanze auf sich hat, die zur Gattung der Liliengewächse gehört. Gemüsespargel wurde bereits im alten Ägypten angebaut und enthält viel Vitamin A und C. Er benötigt idealerweise

SPARGEL- & BLAUBEERHOF KISTERS

Kevelaerer Straße 6
47608 Geldern-Walbeck
www.spargelhof-kisters.de

frischen Sandboden. Heute kennt man etwa 300 verschiedene Arten. Unter den ihn umgebenden Erdwällen bleibt der Bleichspargel schön weiß und wird erst ab seinem zweiten Lebensjahr gestochen, sobald er die Erdoberfläche erreicht. In Videos wird der Anbau anschaulich dargestellt. Rezepte laden zum Nachkochen ein und auch der Humor kommt nicht zu kurz.

Der Hofladen ist während der Spargelsaison ab Mitte April bis etwa zum 24. Juni geöffnet (auch an Sonn- und Feiertagen). Blaubeeren gibt es von Mitte Juni bis Mitte September an der Selbstbedienungstheke. In Lüllingen und in Pont warten zudem zwei Verkaufsautomaten mit frischen Produkten auf Kundschaft.

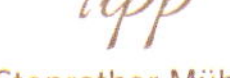

Steprather Mühle
Die älteste voll funktionierende Windmühle Deutschlands aus dem 15. Jahrhundert lockt Ausflügler von nah und fern. Während der Saison werden am Wochenende und an Feiertagen im mühleneigenen Café Brot und Kuchen verkauft und können vor Ort verzehrt werden. Alle wurde aus hauseigenem Mehl hergestellt. Eine Vorbestellung wird empfohlen. Während der Öffnungszeiten kann die Mühle besichtigt werden.
www.muehle-walbeck.de

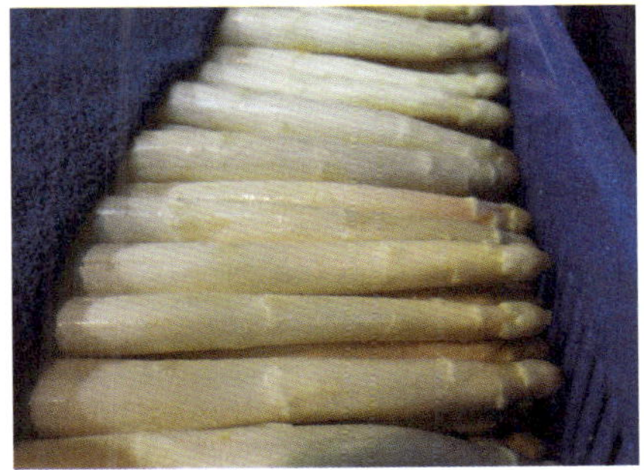

EMMERICH: MÜHLE AM MÖLLENBÖLT ELTEN

Angebot: MühlenCafé, Besichtigungen, Workshops, Trauungen

Stokkumer Straße 27
46466 Emmerich-Elten
www.emmerich.de

GELDERN: OBSTHOF HETJENS

Direkt an der B9 zwischen Kevelaer und Geldern laden Apfelplantagen, Hühner, Gänse und der romantische Hofladen zum Einkaufen ein. Nachdem 2002 die ersten Obstbäume gepflanzt worden sind, begann der Verkauf aus der eigenen Garage. 2010 wurde eine alte Scheune zum Hofladen umgebaut. Ganzjährig werden 15 Apfelsorten, Birnen, Süßkirschen und Eier der eigenen Hühner angeboten, ebenso wie ergänzende regionale Produkte.

An der Mosel 14, 47608 Geldern | Tel. 01511 7980810 | obsthofhetjens@t-online.de

GELDERN: STEPRATHER MÜHLE

Angebot: Mühlencafé mit Brotverkauf, Führungen

Sortiment: Mehl und Getreide, Brotmischungen, verschiedene Brotsorten, Kuchen, Nussecken, Kaffee, Müllergeist und hausgemachter Brotaufstrich (Marmelade, Honig, Leberwurst, Griebenschmalz)

Schmalkuhler Weg 5, 47608 Geldern
www.muehle-walbeck.de

GOCH: EISBÜDCHEN DELLNITZ

Der Großvater bereitete bereits 1958 Eis nach einem osteuropäischen Rezept zu. 2020 begann Dominik Dellnitz mit der Produktion von hochwertigem Eis aus natürlichen Zutaten wie der Speetenhof-Milch. Das fahrbare Büdchen ist zu mieten und auf den verschiedensten Veranstaltungen zu finden. Es gibt das leckere Eis vor Ort und in diversen Hofläden. Kurse zur Eisbereitung für bis zu sechs Personen bieten handwerkliche und kulinarische Erlebnisse für jedermann.

Gartenstraße 74, 47574 Goch
Tel. 02823 9436171 | mail@eisbuedchen-dellnitz.de
www.eisbuedchen-dellnitz.de

HAMMINKELN: ALPAKAS AM SCHLOSS

•

Landcafé und Naturmode-Boutique

Im Schatten des malerischen Schlosses Ringenberg lädt ein idyllisches Landcafé zum Schlemmen und Verweilen ein. Zwischen alten Bäumen trauen sich die hofeigenen Sundheimer Hühner (die mit dem Puschel an den Füßen) beim Picken bis nah an die locker angeordneten Tischgruppen heran. Urig sieht es auch im Haus aus, wo sich das Café in bäuerlichem Ambiente fortsetzt. An der Theke um die Ecke können zudem Kuchen und hofeigene Erzeugnisse zum Mitnehmen geordert werden.

Die im Café angebotenen Torten, Kuchen, Brote, Schnittchen, Waffeln, Marmeladen, Sirupe, Suppen und auch das Eis sind hausgemacht. Die verwendeten Eier und das Suppenfleisch stammen vom eigenen Geflügel. Bei den Sundheimer Hühnern handelt es sich „Zwiehühner", die sowohl als Fleischlieferanten als auch zum Eierlegen gut geeignet sind – eine aussterbende Nutztierrasse aus dem Badischen.

HAMMINKELN: ALPAKAS AM SCHLOSS

Schlossstraße 5
46499 Hamminkeln
www.alpakas-am-schloss.de

Hinter dem Haus freuen sich Tiffany, Ashley, Peaches, Leonora, Serena, Gina, Bea, Mylady, Charlie Brown, Lagavulin, Summer, Sir Henry, Amadeus (der mit den Stulpen an den Beinen) und die kleine Rosalie über Besuch: Alpakas! Die Alpakas sind der Dreh- und Angelpunkt der angeschlossenen Naturmode-Boutique, in der Erzeugnisse aus der eigenen Alpakawolle und verwandte Produkte verkauft werden. Die Seifen sind dabei nach ihren „Wollgebern" benannt. Die Wolle wurde zudem für die Herstellung von Vliesen und zum Stricken von Babyschuhen verwendet; die feine Bauchwolle der eigenen Tiere ist wiederum die ideale Füllmasse für die angebotenen Bettdecken. Bei den ergänzenden Kleidungsstücken und Textilien handelt es sich um ökologische, nachhaltige Mode aus Alpakawolle und edlen Naturfasern.

Übernachtungen sind möglich: In einer Ferienwohnung für bis zu vier Personen genießen die Gäste den Blick auf die Alpakas und das Schloss.

Tipp

Nur wenige Meter entfernt lädt der romantische Schlosspark zum Spazieren und Entspannen ein. Die Ortschaft Ringenberg, die 1329 in unmittelbarer Nähe der bereits bestehenden Burg zur Ansiedelung von vier niederländischen Familien in der Form eines mittelalterlichen Rundlings angelegt wurde, ist mehr als sehenswert.

HAMMINKELN: HOF SCHÄFER

Leckereien vom Land und aus der Hofküche

HAMMINKELN: HOF SCHÄFER

Dingden Nordbrock
Borkener Straße 12, 46499 Hamminkeln
www.hof-schaefer.de | www.feines-vom-land.de

Alles begann mit einem Kürbisfest! Der Hof selbst befand sich als kleiner Selbstversorger-Betrieb bereits seit 1920 im Familienbesitz. Seit jeher wurde das, was übrig war, weiter verkauft. Auch der erste kleine Hofladen, der 1994 eröffnet wurde, lief zwischen Hofarbeit, Ernte und Haushalt nur „nebenher". Mit dem Generationswechsel wurde das Angebot erweitert und der Service am Kunden intensiviert. Der „Knoten platzte" nach dem ersten Kürbisfest 2002, das viel erfolgreicher war, als Familie Schäfer sich das hätte vorstellen können.

Inzwischen ziehen drei Generationen an einem Strang, ergänzt durch fleißige und fachkundige Mitarbeiter. Der mit viel Leidenschaft eingerichtete und geführte Hofladen bietet mittlerweile ein umfangreiches Sortiment, das einfach Freude bereitet. Die hofeigenen Hühner leben teils in Ställen mit mehreren Etagen und angeschlossener Voliere, teils als Wiesenhühner in Mobilställen. Auch Kartoffeln, über 100 Kürbissorten, Erdbeeren, Gemüse und Grünkohl stammen vom eigenen Hof. Besonders beeindruckend ist die Vielzahl an hausgemachten Produkten aus der Hofküche, die von Marmeladen über Eingekochtes, Suppen, Eierlikör und selbst gebackene Plätzchen bis hin zu Kuchen im Glas und veganen Gerichten reicht.

Das im Verkauf angebotene Fleisch liefert die Nachbarschaft, mit der die Familie eng zusammenarbeitet. Milch, Käse und Milchprodukte stammen vom genau 800 m entfernten Biohof. Familie Schäfer sieht in dieser Regionalität nicht nur einen Beitrag zur Nachhaltigkeit, sondern empfindet es schlicht und ergreifend als vernünftig, das Angebot „direkt vor der Tür" zu nutzen. Einige besondere Spezialitäten, wie Pfälzer Wein oder Senf aus Monschau, sind sorgfältig ausgewählt. Aus all diesen Leckereien werden zudem Präsentkörbe zusammengestellt – regionaler Genuss hat auch für das Auge viel zu bieten!

Über das ganze Jahr verteilt gibt es wechselnde Angebote, beispielsweise auf einem gegenüberliegenden Feld Blumen zum Selberschneiden oder einen Weihnachtsbaum-Verkauf, und im Herbst leuchtet Besuchern und Passanten eine stattliche Kürbis-Pyramide entgegen. Mittlerweile sind viele Produkte im hofeigenen Onlineshop und auf 11 Wochenmärkten im Umkreis von 30 km erhältlich. Dennoch sollte man sich einen Besuch im Hofladen gönnen, der reichlich Gutes vom Land zu bieten hat.

Eine feste Größe im Jahreslauf ist und bleibt das Kürbisfest im September, das mit viel Liebe und Vorfreude geplant wird. An diesem Wochenende und in den darauffolgenden Wochen bietet sich den Kunden als besondere Attraktion der Kürbisgarten mit vielen spannenden und lustigen Kürbis-Dioramen und Kunstwerken, die detailreich ausgestaltet sind und ihren Betrachtern große Freude bereiten!

Tipp

Die Dingdener Heide ist nicht nur zur Heideblüte einen Ausflug wert. Sie ist eines der größten Feuchtwiesenbiotope in NRW und entstand um 1540 durch Abholzung, Beweidung und Nutzung der Bodenplaggen aus einem „Hudewald". Ein etwa 5 km langer Rundweg bietet eine Zeitreise durch die Geschichte.

HAMMINKELN: OBSTKELTEREI VAN NAHMEN

Von der Apfelkrautfabrik zum modernen Frucht-Secco

Voller Stolz blickt die Obstkelterei van Nahmen auf ihr großes Jubiläum zurück: 2017 feierte die ehemalige Apfelkrautfabrik ihren 100sten Geburtstag! Zu diesem Anlass wurde in einem Neubau mit einer schicken Glasfassade ein Hofladen errichtet, in dem das gesamte Sortiment an Säften und Saftkreationen erhältlich ist. Die Auswahl an Direktsäften und Nektaren ist enorm, und neben den bekannteren Sorten wie dem naturtrüben Apfelsaft von Streuobstwiesen finden sich sortenreine Säfte (z. B. aus Elstar-Äpfeln), Landschorlen, Cidre, Sparkling-Juicy-Tea-Kreationen und vor allem die beliebten alkoholfreien Frucht-Seccos in den Regalen. Dabei schafft es das moderne Ladenlokal trotz der großen Menge an Waren, die sauber und ordentlich in Regalen auf ihre Käufer warten oder liebevoll in Geschenkkörben auf Thementischen präsentiert werden, gemütlich und persönlich-charmant zu wirken.

Ergänzt werden die eigenen, regionalen Erzeugnisse durch eine liebevoll getroffene Auswahl von weiteren Produkten, die entweder aus der Region stammen oder, von den Inhabern persönlich ausgesucht, ihren Weg in den firmeneigenen Verkauf fanden. So stehen gleich neben Saft, Secco & Co. Bücher, Nudeln, Marmeladen, Gin, Getränketaschen, Gläser, Wein, Apfelringe, Apfelessig, Gurken und vieles mehr.

In der darüberliegenden Etage befindet sich die Hofküche, in der regelmäßig Veranstaltungen durchgeführt werden – von Lesungen über Backnachmittage bis hin zu kulinarischen Genüssen à la „Küche

HAMMINKELN: OBSTKELTEREI VAN NAHMEN

•

Obstkelterei van Nahmen GmbH & Co.KG
Diersfordter Straße 27, 46499 Hamminkeln
www.vannahmen.de

trifft Saft": Bis zu 24 Teilnehmer lassen sich mit einem frisch zubereiteten Menü verwöhnen, zu dem jeweils passend die hauseigenen Frucht-Seccos, Säfte oder auch der Sparkling Juicy Tea gereicht werden. Die alkoholfreien Alternativen zu Wein und Sekt erfreuen sich zunehmender Beliebtheit und können alternativ jeden 2. Samstag im Monat in einer offenen Verkostung von 10 bis 13 Uhr probiert werden. Und für ein Klavierkonzert wird der Hofladen kurzerhand zum Konzertsaal umfunktioniert.

Alte Kultur-Obstsorten finden sich gleich vor der Tür im Obst-Lehrgarten, der für jedermann zugänglich ist und von den Besuchergruppen als Rast- und Picknickplatz genutzt werden kann. Infotafeln geben Auskunft über insgesamt 25 verschiedene Obstsorten mit so klangvollen Namen wie „Rheinischer Krummstiel" oder „Dülmener Herbstrosenapfel". Für die Besucher ein spannender Erlebnisraum, für die Tiere und Pflanzen (insbesondere die hauseigenen „Hotelbewohner", die Insekten) ein dringend benötigtes Biotop und ein natürlicher Rückzugsort.

Der Urgroßvater des Familienbetriebs, Wilhelm van Nahmen, wäre gewiss überrascht und sehr stolz, wenn er erleben könnte, welch ein Gourmet- und Naturerlebnis sich aus seiner Rheinischen Apfelkrautfabrik entwickelt hat.

Tipp

Das „Schwarze Wasser" und der Diersfordter Wald mit Wildgatter bieten Naturerlebnis pur: Im idyllischen Wald befinden sich spannende Themenwege wie die „Hirschkäferroute" und der „Moorerlebnisweg" durch moorige Gebiete mit Stegen und Pfaden.

HÜNXE-DREVENACK: SCHULTE-DREVENACKS-HOF

Bunte Vielfalt im Jahreslauf

HÜNXE-DREVENACK: SCHULTE-DREVENACKS-HOF

Dinslakener Str. 3
46569 Hünxe-Drevenack
www.schulte-drevenacks-hof.de

Blumen zum Selberschneiden, Hinweisschilder am Wegrand – wer in der Nähe ist, wird garantiert auf den Schulte-Drevenacks-Hof aufmerksam. Dann die lange Zufahrt über die Allee, durch Felder und Plantagen, mit dem SB-Häuschen und der hübschen Picknickhütte am Feldrand und dem großen Spielplatz gleich vor der Tür. Der Hofladen selbst ist lichtdurchflutet und einladend gestaltet und scheint geradezu überzulaufen an landwirtschaftlichen Produkten: Regale gefüllt mit Honig, hausgemachter Marmelade und Likören, Kisten voller Äpfel, Früchte aller Art, Gemüse, Kästen mit Saftflaschen, stapelweise Saftcontainer, Fleisch und Aufschnitt in der Kühltheke, selbst gebackenes Brot, Brötchen und Plattenkuchen, Wein, Saft und hauseigener Erdbeersecco, Erdbeerwein und Erdbeerlimes, im Frühjahr Spargel und Erdbeeren vom eigenen Feld. Die Wände sind mit großformatigen Bildern dekoriert, die Familie Buchmann bei der Arbeit zeigen, denn hier ziehen alle Generationen, unterstützt durch ihre langjährigen treuen Mitarbeiter, an einem Strang.

Als Dirk und Petra Buchmann als 9. Generation den 1319 erstmals erwähnten Hof übernahmen, sprangen sie kurzfristig für den Bruder ein, der eigentlich der Landwirt vor Ort hätte werden sollen. Der Name Schulte-Drevenack stammt wie der Hof aus

der mütterlichen Linie und es war sofort klar, dass der Hof seinen Namen behalten musste. Die eigene Ausbildung in einer Baumschule und eine sehr gute Beratung sorgten dafür, dass Milchkühe, Mastschweine und Hühner Mitte der 1980er-Jahre zunächst Allee- und Weihnachtsbäumen und in der Folge Spargel- und Erdbeerfeldern weichen mussten. Die Alleebäume sind Vergangenheit, dafür wachsen auf den hofeigenen Plantagen nun etliche Apfelsorten. Neuerdings bevölkern dank der Initiative des Sohnes Stefan, der den Betrieb übernehmen wird, auch Masthähnchen den Hof. Auf diese Weise stehen (ausgenommen einige Wochen Ruhezeit im Sommer) ganzjährig hauseigene Produkte im liebevoll gestalteten Verkaufsraum bereit.

Ergänzend zum Hofladen betreibt die Familie 14 Verkaufshütten, beliefert den örtlichen Einzelhandel und bietet einen Weihnachtsbaumverkauf an. Im Advent findet an zwei Wochenenden ein Weihnachtsmarkt statt, mit Kaffee und Kuchen, Stockbrot und Apfelpunsch für die Kinder. Höhepunkt im Jahreslauf ist jedoch die Spargel- und Erdbeerzeit, die ebenfalls von Festen und Aktionen begleitet wird – mit Eisverkostung, Spargelbraten, Erdbeersecco und Limes zum Probieren, Quark, Vanillepudding/ Herrencreme oder Buttermilch mit Erdbeeren und vielem mehr. Außerhalb dieser Festlichkeiten locken im Außenbereich Tische und Stühle, teils fantasievoll aus Paletten gestaltet, zum Aufenthalt und Verzehr der hofeigenen Köstlichkeiten.

Tipp

Unweit des Hofs lassen sich die Loosenberge in den Lippeauen auf einem kurzen und unkomplizierten Rundweg erkunden. Zu erleben gibt es eine Wacholderheide, Sandwege und Dünen. https://naturpark-hohe-mark.de /ziel/gemeinde-huenxe/

ISSUM: KLEINHAEVER-HOF SMEYTS

Wollige Produkte und schmusende Schafe

2013 entdeckten Sandra und Mario Smeyts ihre große Leidenschaft: Gotlandschafe! Sie befassten sich mit den weichen, wolligen Tieren, lernten auf der schwedischen Insel alles über deren Zucht und Haltung und holten eine Herde an den schönen Niederrhein. Heute bieten sie in ihrem kleinen Atelier, das gegen Abend oder nach Voranmeldung geöffnet ist, eine vielfältige Produktpalette an: Rohwolle, kardierte Wolle, Gotlandschaffelle, kardiertes Vlies, handgesponnenes Garn und „Gotlandlocken".

Doch das ist noch lange nicht alles! Es gibt ein breit gefächertes Angebot an Unikaten, die in Handarbeit aus der hofeigenen Wolle hergestellt werden: gehäkelte Wärmflaschen, gefilzte Taschen oder Schals, Handstulpen und vieles mehr. Die graue Färbung in verschiedenen Schattierungen sorgt dabei bei den meist unbehandelten Produkten für eine besondere optische Vielfalt.

Eine weitere Spezialität sind Veggie-Sitzfelle, die sich von den üblichen Fellen dadurch unterscheiden, dass sie keine Tierhaut enthalten. Die Basis dieser Felle besteht aus kardierter und verfilzter Wolle – sie stammen also von lebenden Tieren, die lediglich geschoren wurden. Es werden auch Veggie-Sitzfell-Kurse angeboten, in denen die Teilnehmer in gemütlicher Runde aus Rohwolle innerhalb von ein bis zwei Stunden ihr eigenes wolliges Sitzkissen herstellen.

ISSUM: KLEINHAEVER-HOF SMEYTS

Kleinhaever-Hof Sandra Smeyts
Großholthuysen 30a, 47661 Issum
www.kleinhaever-hof-smeyts.de

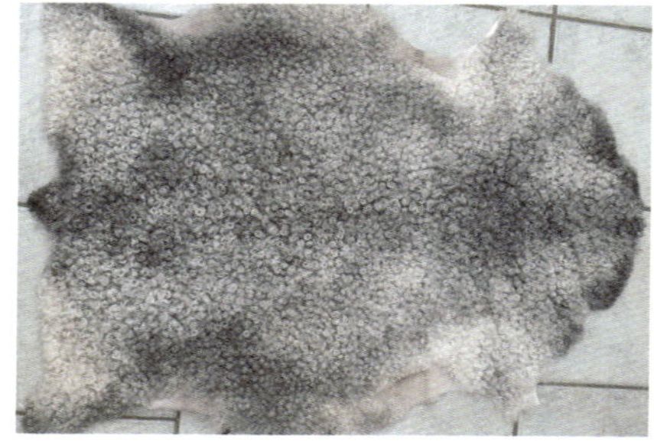

Unmittelbare Tuchfühlung mit den gutmütigen Tieren ist ebenfalls möglich. Sandra Smeyts bietet Schafkuscheln an – man könnte das „Eintauchen" in die Herde fast schon „Schafbaden" nennen. Entschleunigung ist garantiert und besonders Menschen mit Handicap oder ältere Menschen genießen den intensiven Kontakt. Eine herausragende Stellung genießt das Therapieschaf James, ein Wensleydaleschaf, das mit der Flasche aufgezogen wurde und mit der Leine spazieren geführt werden kann. All dies kann in Kombination mit einem Fotoshooting oder auch für einen Kindergeburtstag gebucht werden. Gruppen jeglicher Art sind nach Anmeldung willkommen. Zudem ist es möglich, eine Patenschaft für ein selbst gewähltes Schaf zu übernehmen.

Parkgelegenheiten und Toilette sind ebenerdig erreichbar. Der Hof verfügt über einen Wohnmobil-Stellplatz, der individuell vermietet wird.

Tipp

Ein Besuch im Hofatelier oder bei den Gotlandschafen kann mit einem Freibadbesuch im Spaßbad Hexenland verbunden werden.
https://www.issum.de/kultur-tourismus/freizeit/spassbad-hexenland

Weitere Hofläden & Manufakturen

HAMMINKELN: NIEDERRHEINISCH-WESTFÄLISCHE BRAUMANUFAKTUR

Angebot: 1852 Regionalitäten Fachgeschäft, Biertasting, Bierseminare

Brauereistraße 4, 46499 Hamminkeln
https://www.facebook.com/NRWBraumanufaktur/

HAMMINKELN-BRÜNEN: BRÜNER BAUERNMARKT

Termin: samstags vormittags

Angebot: Backwaren, Milch, Milchprodukte und Käse von Kuh und Ziege, Obst, Gemüse, Kartoffeln, Feinkost, Fleischwaren

Marktplatz Brünen, 46499 Hamminkeln-Brünen
www.bruener-gewerbeverein.de

HAMMINKELN-DINGDEN: DINGDENER HEIDEMILCH

Auf dem Bioland-Betrieb mit eigener Molkerei am Rande der Dingdener Heide dreht sich alles um Milch und Käse. 70 glückliche Kühe versorgen die Verbraucher mit der wohlschmeckenden Dingdener Heidemilch. 1/3 der Menge wird zu Käse, Quark, Joghurt, Frischkäse und Trinkmilch verarbeitet. Alles Bio natürlich. Die Produkte sind nicht nur vor Ort, sondern auch in anderen Hofläden und bei der Markschwärmerei erhältlich. Angeboten wird außerdem Käse von Ziegen aus der Region.

Ludwig Groß-Bölting
Borkener Str. 10, 46499 Hamminkeln-Dingden
Tel. 02852 4996 | www.dingdener-heidemilch.de

HAMMINKELN-DINGDEN: GEMÜSEHOF BIELEFELD

Angebot: Hofladen, Verkaufsstände

Sortiment: Spargel aus eigenem Anbau, Erdbeeren auch zum Selberpflücken, Möhren und Futtermöhren aus eigenem Anbau, Gemüse der Saison, Marmelade aus eigener Herstellung

Zum Tollberg 27
46499 Hamminkeln-Dingden
https://gemuesehof-bielefeld.de/hofladen.html

HAMMINKELN-DINGDEN: GEFLÜGELHOF GRUNDEN

Angebot: Ab-Hof-Verkauf, Marktstände

Sortiment: Eier aus Bodenhaltung, Hühner/Hähnchen, Pute, Kaninchen, Geflügelprodukte

Hohlsweg 2
46499 Hamminkeln-Dingden
https://gefluegelhof-grunden.de

HAMMINKELN-LOIKUM: LOIKUMER BAUERNMARKT & LANDFRAUENCAFÉ

Termin: freitags 14–18 Uhr (Nov.–März bis 17 Uhr)

Angebot: Obst, Gemüse, Fleisch, Wurstwaren, Milch, Käse, Brot, Forellen, Blumen, Pflanzen etc., Kuchen & Spezialitäten im Landfrauencafé, saisonal mobile Saftpresse am Landfrauenkiosk

46499 Hamminkeln-Loikum | https://bauernmarkt-loikum.de

HAMMINKELN WERTHERBRUCH: KLOSTER-KRAUL

Angebot: Weinkontor mit hauseigenem rheinhessischem Wein, Vinothek „Auszeit“, toskanischer Weingarten, Wein-Freilicht-Museum, Eventlocation

Hölzerweg 5a, 46499 Hamminkeln | www.kloster-kraul.de

Weitere Hofläden & Manufakturen

HÜNXE-DREVENACK: SCHULTE-BUNERT BAUERNLÄDCHEN

Auf einem der ältesten Höfe in der Gemarkung, der bereits im 10. Jahrhundert erwähnt wurde, bietet Familie Schulte-Bunert ihre Eier und Kartoffeln sowie selbst gebackenes Brot, Hausmannskost, Eintöpfe, Liköre, Nudeln und Marmeladen an. Seit vier Generationen beliefert sie als mobiler Bauernladen die Stammkundschaft vor Ort. Seit Ende der 1990er-Jahre gibt es in dem gemütlichen Bauernlädchen ein breites Angebot an eigenen und regionalen Produkten.

Keltenweg 25, 46569 Hünxe-Drevenack | Tel. 02858 2146
www.bauernlaedchen-online.de

ISSUM: BRAUEREI DIEBELS GMBH & CO. KG

Angebot: Shop (auch online), Brauereibesichtigung, „Beer meets Meat"
Sortiment: verschiedene Altbier- und Mischgetränk-Sorten, Werbeartikel

Brauerei-Diebels-Straße 1, 47661 Issum | www.diebels.de

ISSUM-SEVELEN: BISSELSHOF – DIE HEXENLAND-MANUFAKTUR

Alles begann damit, dass die Freilandhühner zu viele Eier legten. Im rund um die Uhr (24/7) geöffneten Hofladen auf dem Bisselshof gibt es alles, was man aus Eiern und der hofeigenen Milch machen kann: Nudeln, Pudding, Eierlikör, Kuchen im Glas, Plätzchen, Fruchtaufstriche, Nudelsoßen sowie ergänzende saisonale und regionale Produkte. Platz zum Picknicken ist vorhanden. Mittlerweile werden die Produkte der Manufaktur auch online angeboten.

Vorst 4, 47661 Issum-Sevelen
Tel. 02835 790180
info@bisselshof.de
www.hexenlandmanufaktur.de

KAMP-LINTFORT: BIOLANDHOF FROHNENBRUCH

•

Rindersafaris und Schweineglück

KAMP-LINTFORT: BIOLANDHOF FROHNENBRUCH

•

Schlossallee 81
47475 Kamp-Lintfort
www.frohnenbruch.de

Auf einer endlos erscheinenden Wiese galoppieren glückliche Freilandschweine und muntere Ferkelchen, während sich ihre „Kollegen“ lieber in der feuchten Suhle entspannen. Man muss keine romantische Natur sein, um diesen Anblick zu genießen. Dank des Platzangebots auf dem Biolandhof Frohnenbruch lassen sich auf ständig wechselnden, wie Fort Knox gesicherten Weiden ganzjährig Schweine im Freien beobachten. Wie das möglich ist, welche Vorteile das bietet (beispielsweise keine Belästigung der Tiere durch Fliegen) und warum so manche Redensart einfach nicht stimmt, erzählt Klaus Bird gerne bei seinen „Expeditionen ins Tierreich“. Die Veranstaltung ist als „Rindersafari“ buchbar und neben der Fahrt durch eine Herde glücklicher Kühe und Kälber ist ein Besuch der 150–170 grunzenden Rüsselträger möglich.

Neben dem deutlich vergrößerten Hofladen und den spannenden Führungen gibt es seit 2023 ein Bauernhofcafé mit Terrasse am Weiher und eine gläserne Metzgerei in den altehrwürdigen, denkmalgeschützten Mauern der 700 Jahre alten Wasserburg, die sich seit 1846 im Familienbesitz befindet. So wird der Besuch zu einem Fest für alle Sinne, gepaart mit einem Bio-Vollsortiment-Angebot. Gern zitiert Bärbel Bird einen Kunden, der ihr sagte, dass er sich auf dem Weg über die Zufahrt auf das alte Rittergut fühle, als tauche er in eine andere Welt ein und könne seinen Alltag einfach hinter sich lassen.

Der Familienbetrieb vermittelt seit Jahren als „Demonstrationsbetrieb ökologischer Landbau“ Informationen an Fachleute, Interessierte und Verbraucher. Die Zertifizierung als Biolandbetrieb erfolgte 2001. Seitdem leben die etwa 180 Limousin-Rinder in Mutterkuhhaltung auf dem Hof. Als 2009 das erste Hühnermobil angeschafft wurde, war dies ein exotischer Anblick in der niederrheinischen Landschaft. Mittlerweile werden ausschließlich Eier von Legehennen verkauft, deren „Bruderhähne“ ebenfalls auf dem Hof gehalten werden. Dies hat seinen Preis, wird aber nicht nur von der Familie Bird, sondern auch von der Stammkundschaft mitgetragen, die in jede Planung und Veränderung mit einbezogen wird. Z. B. beim aktuellen Umbau in Form von „Genussrechten“.

Mit „im Boot“ sitzt ebenfalls die nächste Generation, die sich mit Leidenschaft dem Biobetrieb widmet. So ist Sohn Paul „verrückt nach Schweinen“ und sorgte für das oben beschriebene Freilandglück, während Tochter Eva sich voller Energie dem Hofladen, der Büro- und Personalplanung und der Metzgerei widmet. Die Kunden danken es ihnen und erfreuen sich an dem frischen Fleisch der hofeigenen Tiere (Rind, Schwein und Geflügel) und den leckeren Eiern der Freilandhühner, die sie auf den Wiesen vor dem Hoftor beobachten konnten.

Tipp

Im Anschluss passt ein Ausflug zum Oermter Berg. Hier bieten ein Wildgehege, Spielplätze, ein Waldlehrpfad und eine naturkundliche Sammlung abwechslungsreiche Freizeitmöglichkeiten.
www.oermter-berg.de

KAMP-LINTFORT: KLOSTERLADEN KLOSTER KAMP

Ort der Besinnung

Es ist ein vielseitiger Ort, der Ruhe schenkt und noch so viel mehr: Kloster Kamp! Ehrfurcht einflößende Gemäuer, Museum und Schatzkammer, prachtvolle Parkanlagen und Terrassengärten, Laubengänge, Wandelwege, Spielplätze, eine Imkerei, und dann, oben auf dem Hügel als Krönung des Ganzen, die prachtvolle Kirche mit ihren zwei Türmen. Daneben das Café und der Klosterladen.

KAMP-LINTFORT: KLOSTERLADEN KLOSTER KAMP

•

Geistliches und Kulturelles Zentrum Kloster Kamp e.V.
Abteiplatz 13, 47475 Kamp-Lintfort
www.kloster-kamp.com

1123 wurde hier die erste deutsche Zisterzienserabtei gegründet. Bereits damals bildete das Kloster nicht nur das geistige Zentrum Kamp-Lintforts. Die Mönche kümmerten sich um die medizinische Versorgung der Menschen, verteilten Saatgut, produzierten eigene Waren und transportierten und verkauften sie. Dies hat sich bis heute erhalten, auch wenn das aktive Kloster der Vergangenheit angehört. Im „Geistlichen und Kulturellen Zentrum Kloster Kamp" werden alte Traditionen fortgesetzt und Menschen können Gott suchen und finden. Veranstaltungen wie

Meditationen, Klostervesper, Segensandacht, Besinnungstage, Gesprächskreise, Trauerseminare, Führungen oder kulturelle Programme und Kunstausstellungen werden für eine breite Öffentlichkeit angeboten. Auch standesamtliche Trauungen werden durchgeführt.

Oberhalb der Terrassengärten, gleich neben der Abteikirche im alten Refektorium, lädt das Spendencafé zum Verweilen ein. In der alten Tradition der Gastlichkeit bieten die klösterliche Hauswirtschaft und Ehrenamtliche Kaffee und Kuchen, an heißen Tagen auch Wasser und Eis an.

In dem schmucken Klosterladen, der nach einem Umbau 2019 mithilfe von Naturmaterialien neugestaltet wurde, finden sich naturgemäß eine Vielzahl an Büchern, Segens- und Grußkarten, Kerzen, Schmuck, Devotionalien und Geschenkartikel. Doch es wird auch verkauft, was die Gärten und die Hauswirtschaft bieten: Hausgemachte Marmeladen und Gelees, Rübenkraut, Apfelkraut, Gebäck, Pralinen, Honig, Honigprodukte sowie der Klosterlikör und der Kräuterbitter „Els", Weihrauch und einige Saisonartikel. So trägt selbst das Stöbern im Klosterladen zur Besinnung und Entschleunigung bei und rundet einen Besinnungstag oder einen ausgiebigen Ausflug ins Kloster Kamp angemessen ab.

Tipp

Auf dem nahe gelegenen alten Zechengelände wurden vielfältige Freizeit- und Aufenthaltsmöglichkeiten geschaffen, u. a. auch Spielplätze und das Kalisto, ein Tierpark für kleinere Kinder mit familienfreundlichem Bistro. Das Infozentrum Stadt und Bergbau informiert zudem über die montane Vergangenheit. Führungen und eine Fahrt auf den Förderturm sind buchbar.
www.kamp-lintfort.de
www.kalisto-tierpark.de

KEMPEN:
GUT HEIMENDAHL/HAUS BOCKDORF

Historischer Veranstaltungsort und Archehof

KEMPEN: GUT HEIMENDAHL/HAUS BOCKDORF

Haus Bockdorf
47906 Kempen
www.gut-heimendahl.de

Mitten in der niederrheinischen Landschaft, knapp einen Kilometer vor dem Kempener Außenring, residiert, wie einer anderen Zeit entsprungen, das neugotische Herrenhaus mit dem weiß leuchtenden Torhaus. Aber die beliebte Film- und Fotokulisse hat noch viel mehr zu bieten als ihr überaus attraktives Äußeres!

Auf dem Gutshof brummt das Leben – tierisches wie menschliches! Seit Langem hat sich Gut Heimendahl als Archehof der Zucht aussterbender Nutztierrassen verschrieben. Jakobsschafe (die mit den vier Hörnern), Ungarische Zackelschafe (die mit den gedrehten, V-förmigen Hörnern), Bentheimer Landschafe, Alpine Steinschafe und Coburger Fuchsschafe leben hier ebenso wie Bronzeputen, Gänse, Enten, Poularden und Perlhühner. Der Fokus liegt auf artgerechter Haltung unter freiem Himmel. Ziel ist eine hochwertige Fleischqualität statt billiger Masse, was durch die Auswahl langsam wachsender, robuster Rassen unterstützt wird. Die hofeigenen Schweine leben in Offenstallhaltung auf Stroh, und auf den Obstwiesen sammeln Bienen fleißig Honig. Als Tüpfelchen auf dem i und als wollten sie die Schönheit der historischen Bauten noch übertrumpfen, leben selbstverständlich auch Pfauen auf dem Gelände. Besucher dürfen sich zu den Öffnungszeiten auf einem öffentlichen Weg durch den Park an den Tieren und ihrer naturnahen Haltung erfreuen.

Im Zuge der Nachhaltigkeit erfolgt die Schlachtung in der hofeigenen Metzgerei und es wird alles von A–Z verarbeitet. Im Hofladen werden daher sowohl das Fleisch als auch Felle mit traditioneller handwerklicher Gerbung in allen Farben angeboten. Weitere ergänzende und hofeigene Erzeugnisse sind u. a.: natürliche Wollprodukte, Säfte, Eier, hausgemachte Marmelade, „Eingemachtes" und leckere Fertiggerichte. Höhepunkt der Woche ist das „Suppenessen" am Samstag mit saisonalen Eintöpfen oder Spezialitäten bis hin zu Wild aus der eigenen Jagd. Mehrmals im Jahr finden größere Feste und Veranstaltungen statt: Wild- und Gänsemenüs, Krimi-Dinner, Konzerte, Whisky-Tastings, das große Hoffest oder als Höhepunkt im Jahreslauf das Ritterlager, das Gäste und Besucher in andere Zeiten versetzt. Wer es noch exklusiver mag, kann sich vor Ort frei trauen lassen oder eine Hochzeitsfeier oder ein Firmenevent ausrichten. Gruppen und Schulklassen genießen wahlweise die niederrheinische Kaffeetafel und/oder Hofführungen und auf Wunsch auch eine Fahrt mit dem Lämmerexpress. Vergnügen und Zeitreise-Gefühle sind garantiert inklusive!

Tipp

Bis zur historischen Innenstadt von Kempen ist es nur ein Katzensprung. Der mittelalterliche Rundling und die malerische Burg lassen sich über einen Altstadt-Rundweg von etwa 5 km Länge entspannt erwandern. Vor allem am Buttermarkt gibt es ein breites gastronomisches Angebot.
www.kempen.de

KERKEN-STENDEN: STRAETMANSHOF

•

Bauernkäse und Backwaren in Hülle und Fülle

„Probieren Sie mal die Nussecke, die ist vom Straetmanshof!“ Stolz drängt mir die Verkäuferin eines Hofladens die göttlichste aller Nussecken auf. So erlebe ich schon vor meinem Besuch, wie emsig und erfolgreich man auf dem Straetmanshof Gutes vom Land produziert. Die hofeigenen Spezialitäten beschränken sich nicht nur auf die vielfältigsten Käsesorten, sondern es werden auch mit viel Liebe und eigener Milch feinste ländliche Backwaren hergestellt, begleitet von Schrot und Korn, die in bunter Vielfalt die Verkaufsregale im Hofladen zieren. Die breite Käsetheke, an die sich unmittelbar das Backwarenangebot anschließt, wird umrahmt von massiven Regalen, Tischen und hölzernen Kisten, in denen das Beste vom Lande angeboten wird. Alles wird regional und nachhaltig im Haus (Marmeladen und Liköre) oder in der Nachbarschaft produziert.

Als Anne und Andreas Straetmans 1996 den elterlichen Hof mit damals 40 Milchkühen übernahmen, wurde schnell klar, dass sie weniger vom Markt abhängig sein, etwas Eigenes vollbringen und ihre Preise selbst gestalten wollten. Die Idee zur Direktvermarktung war geboren! Experimentierfreudig und ohne Angst vor harter Arbeit widmeten sich die beiden ihrer Vorliebe für Käseherstellung und Backwaren. Heute liefern 70 Kühe die Milch für Bauernkäse jeden Alters, als Laib oder vakuumierte Stücke, mit den verschiedensten Kräutern oder auch ohne sie. Angeboten werden

KERKEN-STENDEN: STRAETMANSHOF

Dorfstr. 199
47647 Kerken-Stenden
www.bauernkaese.info

außerdem vielfältige Brotsorten, Teilchen und feinste Saisonartikel bis hin zu Spekulatius und Christstollen. Das Käseangebot ist geprägt von innovativen saisonalen Spezialitäten wie Sommerkäse mit Rosmarin, der Orange-Zimt- oder der Koriander-Curry-Variante. Probieren ist mehr als erwünscht! Insgesamt 11 Bauernmärkte werden mit den hofeigenen Produkten versorgt, ebenso wie etliche Hofläden in der Umgebung. Über einen Onlineshop und zukünftig sogar mithilfe eines Abholautomaten können die hochwertigen Erzeugnisse selbst zu unchristlichen Zeiten oder aus der Ferne erworben werden. Ein Klick, der sich durchaus lohnt!

KERKEN-STENDEN: STRAETMANSHOF

Überaus interessant ist es zudem, an einer Hofbesichtigung teilzunehmen. Es wird schnell deutlich, dass die Kühe mit Freiluftterrasse und Weidegang ein selbstbestimmtes Leben führen – und vor allem, dass Käseherstellung eine Wissenschaft für sich ist! An einem Käsetag werden 2000 l Milch verarbeitet. Die direkte Herstellung nimmt einen ganzen Arbeitstag in Anspruch, beginnend mit dem Pasteurisieren, der Zugabe von Milchsäurebakterien und Lab im Umfahrtank, dem Abtropfen und Pressen und dem Waschen des Käsebruchs, das Trockenheit und Säuerlichkeit des Käses bestimmt. Anschließend folgen verschiedenste Lagerungs- und Pflegeschritte wie das regelmäßige Wenden und Polieren der bis zu 15 kg schweren Laibe. Eine komplexe Arbeit, für die es viel Erfahrung braucht und über die Familie Straetmans und ihr Team gerne Auskunft geben. Lauschige Plätze im Freien sowie die gemütlichen Tische im Hofladenstübchen laden dazu ein, bei Kaffee, Cappuccino, Saft oder Wasser das hofeigene Gebäck zu genießen. Ein Bildschirm in der Ecke sowie einige ausliegende Bücher vermitteln unaufdringlich viel Wissenswertes über den Hof und die Käseherstellung.

Tipp

Der Eyller See lädt mit Strandbad, einem separaten Hundestrand, Liegewiesen, Gastronomie, Spiel- und Sportgelegenheiten sowie einer Tauchbasis zum entspannten Freizeitspaß am Wasser ein.
www.eyllersee.de

KEVELAER: KEVELAERER LANDMOMENTE

•

Auszeit mit Eis

KEVELAER: KEVELAERER LANDMOMENTE

Geschw. Mott
Binnenheide 6, 47626 Kevelaer
https://www.facebook.com/kevelaererlandmomente/

Zwischen der Issumer Fleuth und endlosen Feldern schlängelt sich die Binnenheide entlang – kaum mehr als ein landwirtschaftlicher Weg, der in seiner Natur sofort deutlich macht, dass Winnekendonk auf einer „Donk“, einer leichten Erhöhung in einem ehemaligen Flusslauf, entstand. Hinter einer Kurve wartet ein Ort, der so neugierig macht, dass man sich dort umschauen muss, selbst wenn man eigentlich nichts kaufen möchte! Vor der denkmalgeschützten Hofstelle des Büchelshofs, dessen Zufahrt erst einmal einen Wasserlauf überwinden muss, umrahmen ein altertümlicher Planwagen rechterhand, wie aus einem Western entsprungen, und eine moderne Haltestelle (mit Haltestellenschild und Glasdach) zur Linken die schmale Straße. Innovative Tische und Sitzgelegenheiten sowie reichlich Platz laden zusätzlich zum Verweilen ein: Tische aus quergestellten Kabeltrommeln, eine Bank auf einer modellierten Kuh, mit Stoff abgedeckte Strohballen und eine hölzerne Bank unter einem großen Baum bieten vielfältige Möglichkeiten, eine Pause vom Alltag einzulegen. „Mach doch einen Landmoment Halt“, fordert folgerichtig ein Schild den Betrachter auf. Ein anderes weist auf die „Picknickwiese“ hin – wer könnte da schon widerstehen?

Unwiderstehlich sind auch die Produkte, die so geschmackvoll dargeboten werden, dass das „Drumherum“ weit mehr ist als nur das „Sahnehäubchen“. Die Zapfanlage für die hofeigene frische Landmilch ist in

KEVELAER: KEVELAERER LANDMOMENTE

ein Holzfass integriert, Geschenkkörbe mit den verschiedensten Produkten stehen bereit. Neben der Milch werden die eigenen Freilandeier sowie hausgemachte Nudeln und Apfelringe mit und ohne Schokolade angeboten. Saisonales Obst und Gemüse, regionale Produkte und Kartoffeln vom Hof des Schwagers in Kervenheim sowie Erfrischungsgetränke und sonntags auch Kaffee runden das Sortiment ab. Höhepunkt der Produktpalette ist das Kevelaerer Landeis aus der eigenen Hofmanufaktur. Es wird auf der Basis eines 30 Jahre alten Rezepts tagfrisch aus der eigenen Milch mit all ihren Bestandteilen hergestellt. Der Rahm und die echten Früchte geben dem Eis seinen ganz besonderen Geschmack. Die Zahlung am Automaten ist auch bargeldlos möglich. Das Landeis geht sogar als „Exportschlager" auf Tour. Ein Anhänger mit Eistruhe ist sowohl auf Veranstaltungen und auf der Marktschwärmerei Berkhöfel in Bedburg-Hau zu finden als auch für private Feiern und Festlichkeiten mietbar.

Abgerundet wird das bunte Programm voller kulinarischer Genüsse und Wohlfühlmomente durch Bauernhoferlebnisangebote und Kreativ-Workshops für Kinder. Die Kleinen dürfen die Hühner und Gänse füttern und das Futter ziehen sie an einem Automaten vor Ort.

Tipp

Der Wallfahrtsort Kevelaer hat nicht nur eine äußerst interessante Geschichte zu bieten, sondern mit dem Kapellenplatz ein Zentrum der Andacht und des Gebets, umgeben von mehreren historischen Gotteshäusern und Kapellen sowie reichlich Gastronomie. Am Stadtrand lädt zudem der Solegarten St. Jakob mit Gradierwerk, Kneipp-Anlagen und Bibelgarten zur Entspannung und Erholung ein.
www.kevelaer-tourismus.de

KEVELAER-KERVENDONK: ROUENHOF

Bio-Pioniere mit Herz und Verstand

Wenn „Bio-Bernd" zum Hoffest lädt, bleibt garantiert kein Auge trocken. Diese Höhepunkte im Jahreslauf sind vor allem für Familien eine willkommene Abwechslung. Sei es der Lämmertag am Karnevalssonntag mit Geburtsgarantie (für viele eine willkommene Alternative zu den Umzügen) oder das Streuobstwiesenfest mit der großen Obstpresse und der Möglichkeit, auf dem Feld selbst Kartoffeln zu ernten. Selbst der Nikolaus oder Oldtimer sind gelegentlich auf dem Hof anzutreffen. Für Unterhaltung ist gesorgt: Wilde Rundfahrten mit Traktor und Planwagen, Toben auf dem

KEVELAER-KERVENDONK ROUENHOF

Sonsbecker Straße 40
47627 Kevelaer-Kervendonk
https://rouenhof.jimdo.com/

Spiele-Heuboden, die Röhrenrutsche in den Ziegenstall hinein oder auch einfach leckere Verpflegung im Hofcafé – all dies kann auf den regelmäßigen Veranstaltungen und zu den Öffnungszeiten am Samstag genossen oder für ein eigenes Fest, zum Beispiel Familienfeiern oder Betriebsfeste, und auch als Kindergeburtstag gebucht werden. Hinzu kommen Angebote wie „Geitengolf" (Minigolf auf der Ziegenweide unter Beteiligung der anwesenden Tiere), Traktorsurfen oder sogar das Übernachten auf dem Hof.

Aber der idyllische Hof am Rande der Sonsbecker Schweiz hat weitaus mehr zu bieten! Anfang der 1990er-Jahre leistete Bernd Verhoeven Pionierarbeit: Nachhaltigkeit und Klimawandel beschäftigen ihn intensiv. Er begann quasi „bei null" mit ökologischem Anbau und Bio-Tierhaltung zu experimentieren. Damit war er einer der ersten im weiten Umkreis. Mittlerweile leben auf dem Hof 200 Ziegen, 30 Kühe, 120 Legehennen, 10 Hähne, Schweine, Gänse, Bienen, Pferd, Esel und Hunde. Dackel Hexe ist ebenso legendär wie der schmackhafte

Bio-Burger aus dem hofeigenen Rindfleisch. Neben Fleisch- und Wurstwaren, Eiern, Rübenkraut und Honig werden die verschiedensten Käsesorten erzeugt, die meisten davon aus Ziegenmilch. Sie tragen fantasievolle Namen wie „Bockshornklee" oder „Der Hinterhältige". Alles bio natürlich! Nach 30 Jahren Bioland-Zertifizierung folgte nun das Demeter-Siegel; ein deutliches Zeichen, dass der eingeschlagene Weg gut und richtig ist.

Bildung ist auf dem Hof ein wichtiges Anliegen; die Hofführungen für Gruppen aller Altersklassen bieten reichlich Input zu Nachhaltigkeit und Umweltthemen – nicht nur auf dem Bauernhof. Neuestes geplantes Projekt: eine Solar-Tankstelle mit Erlebnisfaktor für E-Autos. Der Strom wird ökologisch vor Ort erzeugt.

„Bio-Bernd" und seine hochwertigen Produkte sind regelmäßig auf dem Riswicker Bauernmarkt (siehe Seite 66) sowie auf den Märkten in Kleve und Kevelaer anzutreffen – ein netter Plausch, lustige Geschichten und interessante Erkenntnisse sind inklusive!

Tipp

Eine Radtour oder Wanderung an der Niers entlang führt durch landschaftlich äußerst reizvolle Gebiete, vorbei an etlichen Schlössern, Burgen und Herrenhäusern. Der Niersradweg reicht dabei von der Quelle bei Mönchengladbach bis zur Mündung in die Maas in den Niederlanden.
www.niederrhein-tourismus.de

KEVELAER-WETTEN: STRAUSSENHOF JEUKEN

Anmutige Laufvögel auf Wettens Weiden

Es trommelt und rasselt in der glutheißen Sonne. Auf dem trockenen Grasboden der Wettener Savanne verfolgen sich zwei Straußenmännchen, während die Weibchen im Schatten der Bäume interessiert zuschauen. Im Hochsommer fällt es leicht, sich in fremde Landschaften auf anderen Kontinenten zu denken, wenn man die anmutigen riesigen Laufvögel auf dem Straußenhof betrachtet. Ehrfurchtgebietend sind ihre Rituale und Gepflogenheiten in der Gruppe, unbekannt und exotisch die sie umgebende Geräuschkulisse. Neben etwa 150 Straußen gibt es drei Emus, mehrere Bennett-Kängurus und eine Herde Rinder. Bei dem Roten Höhenvieh handelt es sich um eine vom Aussterben bedrohte Nutztierrasse. Vor den Toren von Kevelaer-Wetten weiden Mutterkühe mit ihren Kälbern gemeinsam gemütlich auf der satten niederrheinischen Weide, umgeben von Kopfweiden und Pappeln.

Der Hofladen bietet nicht nur Straußenfleisch (Filet, Steak, Braten, Gulasch), sondern auch saisonal (Februar bis September) Straußen- und Emueier sowie Federn und die Schalen. Außerdem erhältlich sind ausgeblasene Eier im Ganzen oder als Hälften zu Dekorations- und Bastelzwecken. Allein die Struktur der Oberfläche zu betrachten oder die Eier zu berühren ist faszinierend, könnte man doch glauben, es handele sich

KEVELAER-WETTEN: STRAUSSENHOF JEUKEN

Veerter Straße 2
47625 Kevelaer-Wetten
www.straussenhof-jeuken.de

um Keramik. Ergänzend werden Lampen aus Straußeneiern, ein afrikanischer Feder-Kopfschmuck und vieles mehr ausgestellt, sodass der Einkauf einen kleinen Museumsbesuch gleich mit einschließt und uns kurzzeitig in eine fremde Welt eintauchen lässt.

Für Gruppen werden Führungen angeboten. Mit etwas Glück lassen sich dabei die kleinen Jungvögel beobachten. Den Weg zwischen den Weiden zu begehen, von beiden Seiten argwöhnisch von den Altvögeln beobachtet, die den Besuchern am Zaun folgen (mal neugierig, mal zur Abwehr möglicher Feinde mit Imponiergehabe) gleicht einem Mikroabenteuer. Wie gut, dass der Weg so breit ist!

Tipp

DAS Eldorado für Familien mit Kindern ist am Niederrhein die Bauernhofoase „Irrland“, ein Freizeitpark, der als Maislabyrinth begann und zu kleinen Preisen reichlich Spiel- und Actionspaß bietet: vom Bambus-Labyrinth über Hüpf- und Schwabbelkissen, Maisbad, Riesenrutschen, alte Flugzeugmodelle, Indoor-Spielplatz, Streichelzoo, Wasserspielplätze und Picknickplätze mit Grills – alles im XXL-Format. www.irrland.de

KLEVE: RISWICKER BAUERNMARKT

•

25 Jahre Gutes vom Land

KLEVE: RISWICKER BAUERNMARKT

•

Elsenpaß 5
47533 Kleve
www.riswicker-bauernmarkt.de

Eine Institution feierte mittlerweile ihren 25. Geburtstag! Am 24. April 1997 fand auf dem Gelände des Versuchs- und Bildungszentrums Landwirtschaft Haus Riswick der erste Bauernmarkt statt. Seitdem stehen unter dem Leitgedanken „Aus der Region, für die Region“ jeden Donnerstag von 12 bis 17 Uhr die regionalen Erzeuger an angestammten Stammplätzen und bieten das an, was sie anbauen oder produzieren: Lebensmittel für den täglichen Bedarf, teils konventionell produziert, teils Bio, ohne lange Transportwege. Ramsch oder Waren, die nicht selbst hergestellt wurden, gibt es nicht. Oft steht der Chef selbst am Stand. Das Angebot ist groß und jede Nische wird nur einmal gefüllt. So bietet beispielsweise der Hofladen Schrievers aus Wankum vor Ort nur das hofeigene Gemüse an, nicht aber die Eier, da dieses Angebot durch einen Kollegen abgedeckt wird. Man kennt sich, man hilft sich und hat sich längst als Verein zusammengeschlossen, der gemeinsam die Geschicke des Marktes regelt. Die meisten

Händler sind schon lange Jahre vor Ort, teilweise von Anfang an. Gelegentlich werden Gaststände eingeladen. Parkplätze sind reichlich vorhanden.

Der Bauernmarkt lädt zum Verweilen ein. Besucher haben die Möglichkeit, einen Rundgang durch die Ställe und über das Gelände zu unternehmen, Rindern und Ziegen zu begegnen und über Sichtfenster und Infotafeln tiefere Einblicke in landwirtschaftliche Themen zu gewinnen. Im Café „Op de Däl“ und auf dem Platz davor gibt es verschiedenste leckere Kuchen und Torten, liebevoll dargeboten von den Landfrauen. Für Kinder stehen Bobbycars, Trettraktoren und Kettcars bereit, sodass ein Besuch auf dem Bauernmarkt zu einem entspannten Ausflug für die ganze Familie ausgedehnt werden kann. Spielgruppen nutzen das Angebot gern für eine „Sondersitzung“.

Regelmäßig finden saisonale Feste und Angebote statt: Bastelangebote als Ferienspaß, Erntedank, Kürbisschnitzen, Stockbrotbacken, der Ostermarkt oder auch ein Besuch des Nikolaus stehen regelmäßig an. Bleibt zu hoffen, dass Händler, Landfrauen und Kunden gleichermaßen bei der Stange bleiben und den Riswicker Bauernmarkt noch viele weitere Jahre mit Freude am Leben erhalten!

Tipp

Die historischen Gartenanlagen am Klever Tiergartenwald mit einem Amphitheater und einem Arboretum dienten als Vorbild für Gartenkunst von internationalem Rang, beispielsweise die Schlossparks von Versailles und Sanssouci.
www.kleve.de

KLEVE-DONSBRÜGGEN: MÜHLE DONSBRÜGGEN

Von knarrenden Flügeln und duftendem Brot

Dies ist eine Geschichte von knarrenden Flügeln, duftendem Brot, Fleiß, jahrzehntelangem Engagement und leuchtenden Kinderaugen.

Die „hölzerne achteckige Holländermühle mit Erdwall" an der Mehrer Straße am Rande des Klever Ortsteils Donsbrüggen stammt aus dem Jahr 1824. Die Statistik besagt, dass die Bilauschen Ventikantenflügel über einen Durchmesser von 21 m verfügen und das Gebäude 20 m hoch ist. 1890 wurde eine Dampfmaschine eingebaut und ein 15 m hoher Schornstein ergänzt, 1930 ein Elektromotor. 1954 wurden Schornstein und Dampfmaschinenhaus wieder abgerissen. Seit 1957 stand die Mühle still. Als sich 1982 der Förderverein des historischen Bauwerks annahm, gab es viel zu tun: Neue Fußböden und Deckenbalken wurden eingebaut, Turm und Mühlenkappe neu verschindelt, Mahlsteine, Mahlwerk und Flügel erneuert. 1985 wurde der Mahlbetrieb wieder aufgenommen. Es folgten der Bau eines Backhauses mit Steinbackofen und weitere Ausbauten. So ist ein Mühlenmuseum im Mühlenwall untergebracht und im Mühlenkeller wurden gemütliche Aufenthalts- und Speisebereiche eingerichtet.

Von Mitte März bis in den November wird ehrenamtlich gemahlen, gebacken und gewerkelt. Jeden Samstagmorgen strömen Kunden zur Mühle, um die köstlichen Brote zu erwerben, gebacken im rustikalen Steinbackofen aus Korn, das in dieser Mühle gemahlen wurde. Kinder lieben vor allem das Vollkornweizenbrot, die Älteren essen gerne das Brot mit Rosinen und die Varianten aus Dinkelmehl und mit Roggenanteil finden genauso reißenden Absatz. Eine Vorbestellung wird dringend empfohlen!

KLEVE-DONSBRÜGGEN: MÜHLE DONSBRÜGGEN

Mühle Donsbrüggen
Mehrer Straße, 47533 Kleve-Donsbrüggen
www.muehle-donsbrueggen.de | Audioguide: www.museum.de/m/45172

KLEVE-DONSBRÜGGEN: MÜHLE DONSBRÜGGEN

Die beliebte Mühlenvesper ist über viele Wochen im Voraus ausgebucht, aber ein Picknickplatz vor der Mühle bietet Radwanderern und Ausflüglern die Möglichkeit zu einer spontanen Pause. Ganzjährig buchbare Mitmachprogramme laden dazu ein, den Teig selbst zu formen (hier sind der Fantasie keine Grenzen gesetzt!), in den Ofen zu schieben, Mühle und Museum zu besichtigen und schließlich das eigene Brot zu genießen.

Das kleine Mühlenmuseum gibt Auskunft über die Geschichte der Donsbrügger Mühle und zeigt Modelle von Mühlen aus aller Welt, deren Arbeitsweise anschaulich erläutert wird. Höhepunkt jedes Besuchs – abgesehen vom herrlich duftenden Brot – ist es, in der Mühle zu stehen, umgeben vom Geruch nach Holz und Mehl, und dem Knarren der gewaltigen Mühlenflügel und des eindrucksvollen Mahlwerks zu lauschen. Die angebotenen Führungen werden seit 2022 ergänzt durch einen dreisprachigen Audioguide, der per QR-Code abgerufen werden kann.

Tipp

Um das „Mühlenerlebnis“ abzurunden, bietet sich eine Tour mit der Draisine an! Es stehen zwei Draisinengrößen (Fahrraddraisinen für 2–4 sowie Clubdraisinen für 4–14 Personen) und zwei Strecken (Kleve-Kranenburg und zurück oder Kranenburg-Groesbeek und zurück) zur Wahl. Auf den alten Gleisen lässt sich die niederrheinische Landschaft vortrefflich „erstrampeln“.
www.grenzland-draisine.eu

KRANENBURG: SPEETENHOF

•

Milch und Joghurt aus der Düffelt

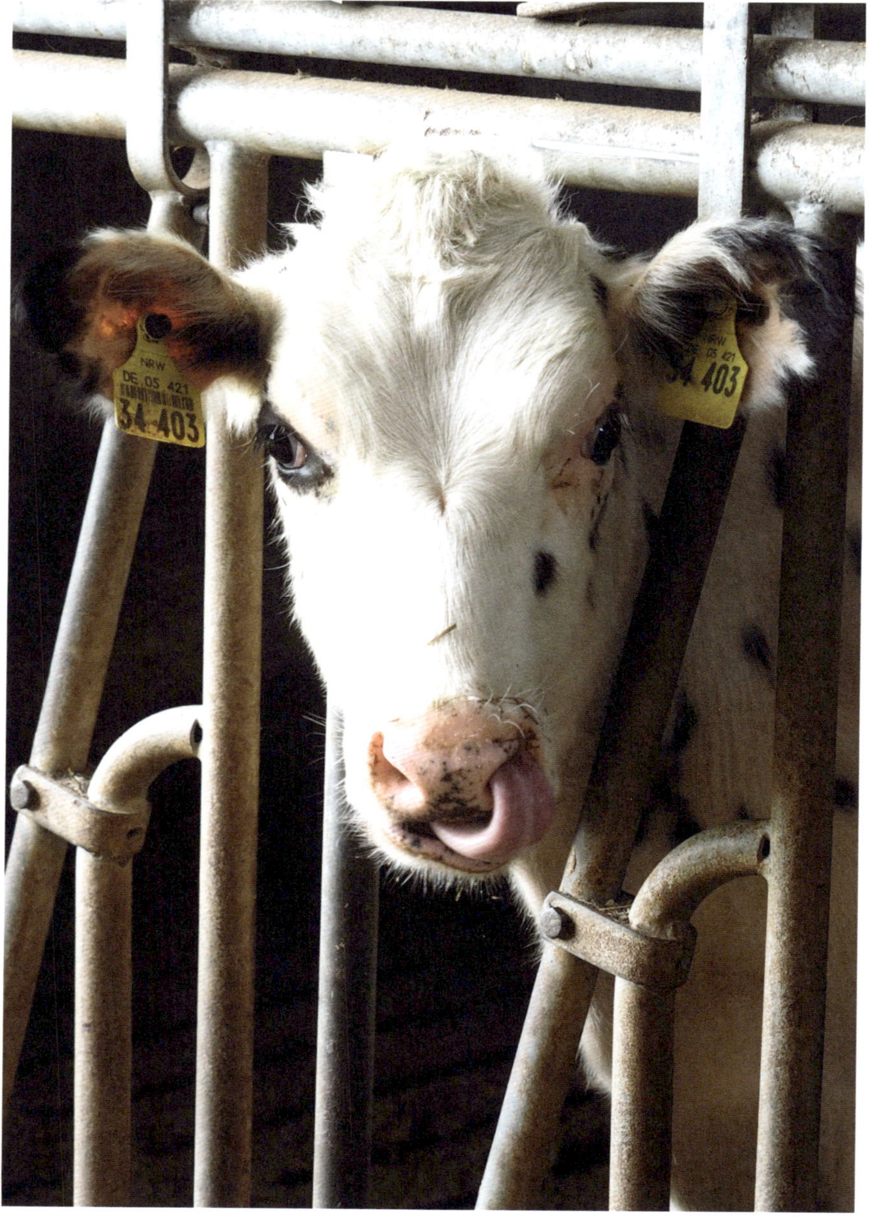

KRANENBURG: SPEETENHOF

Wibbeltstraße 120
47559 Kranenburg
www.speetenhof.de

Wenn es am Niederrhein um Milch geht, dann hat das sicherlich mit dem Speetenhof zu tun! Landauf, landab finden sich in den Hofläden Produkte, die im verschlafenen Kranenburg-Mehr hergestellt wurden: Milch in den typischen transparenten 1- oder 2-Liter-Kanistern, der köstliche Joghurt, Quark, Butter oder, wenn auch nur direkt vor Ort im „Milchhäuschen“, hausgemachter Butterschmalz als „flüssiges Gold“. Dabei hat der Speetenhof neben der hofeigenen Molkerei noch eine ganz besondere Geschäftsidee auf- und ausgebaut, die ihn auszeichnet: Die hofeigenen Lieferwagen beliefern nicht nur Hofläden, sondern einmal wöchentlich Privatkunden, die im Umkreis wohnen – ein Service, der sehr gerne genutzt wird. Die Fahrer kennen ihre Kunden und liefern die Milch an der Tür oder am ihnen bekannten Ablageort ab. Ein freundliches Wort ist da inklusive.

Dass sich alles so gut entwickelte, hat sehr viel mit Zufällen und mit Gottvertrauen zu tun. Mehr als einmal war Familie Derksen „zur rechten Zeit am rechten Ort“. Dies begann mit der Übernahme des Hofes 1982, den sie mit den Jahren zu einem schmucken Zuhause umgestaltete, mit der Möglichkeit, die Zahl der Kühe auf mittlerweile 70 zu erhöhen. Der Direktvermarktung der hofeigenen Milch folgte der Einstieg in die

Speetenhof
Joghurt-Molke-
Himbeerdrink 500 ml
17.10.22

Herstellung von Käse, Buttermilch, Joghurt und Quark. Tochter Anne van de Sand hatte gerade ihre Meisterprüfung bestanden, als ein befreundeter Direktvermarkter seine Produktion aufgab und ihr seine Joghurtbehälter überließ. Später, gerade als Sohn Andreas ebenfalls mit in den Familienbetrieb eingestiegen war und man in modernere Ställe und Technik investiert hatte, hörte ein anderer Kollege auf und „vererbte" dem Speetenhof die Belieferung etlicher Hofläden weiter im Süden des Niederrheins.

So findet man heute die Speetenhof-Produkte beispielsweise in Moers-Schwafheim, wo sie mit Begeisterung angeboten und verkauft werden. Käse wird mittlerweile nicht mehr hergestellt. Das Portfolio reicht von pasteurisierter Milch über Naturjoghurt, vier weitere Joghurtsorten, Buttermilch, Butter, Quark, Vanille- und Schoko-Vla bis hin zu einem Joghurt-Molke-Himbeerdrink. Im hofeigenen „Milchhäuschen" werden zudem Eier, Streuobstwiesenapfelsaft, Äpfel, Kartoffeln und das aus der Speetenhofer Milch produzierte Eis vom Eisbüdchen Dellnitz angeboten. Der Weg dorthin lohnt sich – neben all den Köstlichkeiten – auch deshalb, weil der Blick über die Düffelt und die Wiesen mit den weidenden Kühen am Donsbrügger Kirchturm vorbei bis hin zum Tiergartenwald und die Zufahrt durch die Allee mit der gemütlichen Sitzgruppe so stimmungsvoll ist.

Tipp

Mit 51 km² ist der Reichswald der größte zusammenhängende Staatswald Nordrhein-Westfalens. Er liegt auf dem Niederrheinischen Höhenzug. 31 seiner Hügel sind über 50 m hoch. Eine Vielzahl von Wegen lädt zum Wandern und Radfahren ein. An den Sieben Quellen zwischen Nütterden und Kleve befindet sich ein spannender Naturerlebnispfad.

KALKAR: BRAUHAUS KALKARER MÜHLE

Angebot: Verkostung im Restaurant, Führungen durch Mühle und Brauerei

Mühlenstege 8, 47546 Kalkar
www.kalkarer-muehle.de

KALKAR: GEFLÜGELHOF SCHELLENBERGER

Nicht zu übersehen sind die Freilandgänse des Geflügelhofs Schellenberger an der B57 am Kalkarer Ortsausgang. Im Hofladen und in der Eierhütte („Ei to go" 24/7) gibt es Hühnereier, saisonal Gänseeier und alle 14 Tage ab Donnerstag frisches Geflügelfleisch aus der hofeigenen Schlachterei.

Lebende Jungtiere (Gänse aus eigener Brüterei, Puten, Wachteln, Mastküken, Mularden, Flugenten, Dänenenten sowie verschiedene Hühnerrassen) können nach Vorbestellung vor Ort gekauft werden, ebenso das passende Futter.

Xantener Straße 91, 47546 Kalkar
Tel. 02824 2552 | www.gefluegelhof-schellenberger.de

KALKAR: MILCHTANKSTELLE KNIESTHOF

Klein, aber fein liegt das hölzerne Verkaufshäuschen am Oyweg zwischen Kalkar und Appeldorn. Gleich gegenüber weiden Schafe, picken Hühner und Gänse. Angeboten werden eigene Kartoffeln und Eier. Ein Schränkchen lädt zum Austausch von gebrauchten Büchern ein und selbst ein gemütlicher Stuhl zum Ausruhen fehlt nicht. Verkaufsschlager aber ist das Eis aus der eigenen Milch. Und, nicht weniger spannend: eine Softeismaschine! Wer kann da schon widerstehen?

Familie Seegers Oyweg 93, 47546 Kalkar | Tel. 0172 2619876
seegers-holstein@gmx.de | https://www.facebook.com/Familie.Seegers/

Weitere Hofläden & Manufakturen

KALKAR: RAADTS EDELOBST

Gleich hinter dem Deich leuchten auf 8 ha Land reife Äpfel, Birnen und Erdbeeren! Schon in der dritten Generation werden hier vor allem Äpfel angebaut. Neun Sorten sind es inzwischen, die ganzjährig im Hofladen erworben werden können. Hinzu kommen selbst hergestellte Apfelerzeugnisse (sortenreiner Apfelsaft, Apfelchips), Gemüse, Beeren, Eier, Milchprodukte und Wurstwaren sowie liebevoll ausgewählte Delikatessen, Produkte aus der Region und natürlich alles rund ums Obst.

Griether Straße 189, 47546 Kalkar | Tel. 02824 5766
info@raadts-edelobst.de | www.raadts-edelobst.de

KAMP-LINTFORT: GEILINGS BRÄU GMBH

Angebot: Hofverkauf, Partyservice, Brauereiführungen.

Saalhoffer Straße 327, 47475 Kamp-Lintfort
https://geilings-braeu.de

KERKEN: NATURHOF BAUERNCAFÉ BEYEN

Der Parkplatz legt nahe, es handele sich um eine Pilgerstätte, so beliebt ist der kleine Hofladen mit dem angeschlossenen Café. Neben Rindfleisch von den eigenen Tieren, die gerne besucht werden können, gibt es Eintöpfe, Suppen und fertige Gerichte aus eigener Herstellung, Aufschnitt, Käse, Marmelade, Liköre, Plätzchen und Gebäck sowie Schweinefleisch und Geflügel aus der Region. Das Bauerncafé bietet Frühstück, einen Mittagstisch und hausgemachte Torten.

Hülser Str. 16, 47647 Kerken | Tel. 02833 4561
www.naturhof-beyen.de

KERKEN: PETKENS OBST UND GEMÜSE

„Das Beste vom Anbauer" – in heimeliger Wochenmarktatmosphäre wird in der großen Markthalle Gutes vom Land geboten. Neben den eigenen, nachhaltigen und frischen Produkten des Obstbaubetriebs (Äpfel, Süß- und Sauerkirschen, Zwetschgen, Pflaumen, Himbeeren, Stangenbohnen, Kohlrabi, Einlegegurken, Paprika, naturreine Säfte und einiges mehr) gibt es Frisches und Hausgemachtes von Anbietern aus der Nähe.

An den Linden 7, 47647 Kerken I Tel. 02833 5766023
www.gartenbau-petkens.de

KEVELAER: NATURHOF KEVELAER

„Natur wieder erlebbar machen" ist die Devise auf dem Naturhof, auf dem 2021 140 Schafe, vier Hunde, zwei Katzen, 16 Hühner und elf Laufenten Platz fanden. Die Erhaltung aussterbender Nutztierrassen steht ebenso im Fokus wie die ökologische Landschaftspflege und Naturpädagogik für alle Altersklassen. Patenschaften können übernommen werden. Im Hofladen werden verschiedene Produkte aus der eigenen Wolle und rund um die eigenen Tiere präsentiert.

Dunja Berendsen, Stefan Schmitz
Altwettener Weg 12, 47625 Kevelaer
Tel. 01514 4520941
info@naturhof-kevelaer.de
www.naturhof-kevelaer.de

Weitere Hofläden & Manufakturen

KLEVE: DIE AM DEICH

Längst schon kein Insider-Tipp mehr: Am Deich unweit des Kellener Altrheins gibt es reichlich Bio-Produkte zu kaufen. Auch räumlich der absolute Höhepunkt: die Fleischtheke mit Bio-Fleischwaren aus der hofeigenen Metzgerei. Zusätzlich können verschiedene Fleischpakete bestellt werden (Rind, Schwein und Geflügel). Das Naturkost-Sortiment im Hofladen ist ebenso sorgfältig ausgewählt wie die Drogerieartikel, Säfte, Gewürze, Nudeln, Süßwaren, Wein und vieles mehr. Geboten werden zudem ein regionaler Lieferservice und ein „Gemüseabo".

Banndeich 8, 47533 Kleve | Tel. 02064/15270 | www.die-am-deich.de

KLEVE: EICHENHOF HANNEN

Immer samstags öffnet der idyllische Eichenhof seine Tore für Besucher. Hier gibt es Fleisch und Fleischprodukte von den eigenen Tieren: Angus-Rinder und Bentheimer Landschweine liefern Köstliches vom Land. Außerdem werden Kartoffeln, Eier, Käse und regionale Leckereien angeboten. An der Hofmilchtankstelle kann man 24/7 frische Landmilch direkt aus der Zapfanlage tanken. Führungen, u. a. zur hofeigenen Biogasanlage, werden ebenso (nach telefonischer Vereinbarung) angeboten wie zusätzliche Veranstaltungen, wenn beispielsweise die Saftpresse auf dem Eichenhof Station macht.

Engelsstraße 6, 47533 Kleve-Reichswalde | Tel. 02821/3980908
www.eichenhof-hannen.de

KLEVE: WARBEYENER ERDBEERPARADIES

Im Frühjahr gibt es Erdbeeren in Hülle und Fülle. Rund um Kleve leuchten das Verkaufshäuschen an der B220 sowie die bunten Stände des Warbeyener Erdbeerparadieses den Kunden entgegen. Zu erwerben sind nicht nur frische Erdbeeren aus eigenem Anbau vor Ort, sondern auch Fruchtaufstriche, Erdbeerwein, Likör und Sirup sowie Kirschen, Kartoffeln und Spargel von heimischen Anbietern. Auch das Selbstpflücken auf dem Feld ist möglich – Probieren inklusive.

Franz-Josef Arntz, Kropse Weg 102, 47533 Kleve-Warbeyen
Tel. 02821/93881 | www.warbeyener.de

KEVELAER-WINNEKENDONK: BIOHOF ETZOLD

Auf dem seit 2001 Naturland-zertifizierten Biohof leben Freilandschweine, Hühner, Hähnchen, Schafe, Katzen, Hunde, Bienen und ein verschmuster Wasserbüffel. Vor Ort werden zudem Kartoffeln, Kürbisse und die verschiedensten Gemüsesorten angebaut. Seit 2016 versorgt der kleine Hofladen seine Kunden mit einem Bio-Vollsortiment. Zusätzlich wird ein Biokisten-Lieferservice angeboten und es werden verschiedene Märkte und Landschwärmereien versorgt.

Hestert 10, 47626 Kevelaer-Winnekendonk | Tel.: 02832 8237 o. 01523 1788766
info@biohofetzold.de | www.biohofetzold.de

KRANENBURG-FRASSELT: BAUERNLADEN HEBBEN

Hier kommt fast alles aus Kranenburg und Umgebung: Die Schweine- und Putenfleischprodukte stammen von den eigenen Tieren, die Forellen aus den Forellenteichen ganz in der Nähe, das Wild aus dem Reichswald. Es gibt Nahrungsmittel aus der Region, ergänzt durch hausgemachte Marmeladen, Fruchtaufstriche, Eingekochtes, Geschenkartikel und Spezialitäten wie den Kranenburger Märchenzauber Beerenlikör oder den Kranenburger Gold Kräuterlikör.

Gocher Straße 17, 47559 Kranenburg-Frasselt | Tel. 02826 471
kontakt@bauernladen-hebben.de | www.bauernladen-hebben.de

Weitere Hofläden & Manufakturen

KREFELD: BENRADER OBSTHOF

In heimeliger Marktatmosphäre gibt es in den Hofläden am Benrader Obsthof und am Bismarckplatz sowie in Verkaufsständen Gutes vom Hof und Produkte aus der Region. Neben frischem saisonalem Obst und Beeren aus eigenem Anbau wird ein breites Sortiment an Obst und Gemüse, besonders guten Backwaren (u. a. vom Straetmanshof und der Prümtaler Mühlenbäckerei), Kuchen, Wurst und Käse, Geflügel und Fisch, Eier und Nudeln und deutschem Wein geboten.

Norbert & Michaela Boekels GbR, Oberbenrader Str. 491, 47804 Krefeld
Tel. 02151 972450 | www.benrader-obsthof.de

KREFELD: RHEINISCHER BAUERNMARKT

Termin: samstags 10–14 Uhr

Angebot: Milch und Milchprodukte, Käse, Brot, Gebäck, Fleisch und Wurstwaren vom Rind und Schwein, Wild, Salatzubereitungen, Eintöpfe, Obst und Gemüse vom Biohof, saisonales Obst und Gemüse, Blumen, Pflanzen, Topfkräuter

Dionoysiusplatz, 47798 Krefeld | www.rheinischer-bauernmarkt.de

KREFELD-HÜLS: DEMONSTRATIONS-BETRIEB ÖKOLOGISCHER LANDBAU STEVESHOF

Vor der Silhouette von Hüls mit dem markanten Wasserturm picken Freilandhühner und Bruderhähne, im Garten summen Bienen, Galloway-Rinder grasen im Hülser Bruch, auf dem Acker wird Getreide angebaut und im Laden gibt es alles, was gut und bio ist. Die Fleischprodukte stammen aus der eigenen Hofmetzgerei. Frisches Obst und Gemüse, ofenfrische Backwaren, 70 Käsesorten, ein breites Sortiment und der hofeigene Biergarten lassen keine Wünsche offen.

Krüserstr. 22, 47839 Krefeld-Hüls | Tel. 02151 735260 | www.steveshof-hofladen.de

NEUKIRCHEN-VLUYN: OBSTPLANTAGEN BLOEMERSHEIM

Bereits seit über 50 Jahren Direktvermarkter

NEUKIRCHEN-VLUYN: OBSTPLANTAGEN BLOEMERSHEIM

Niederrheinallee 381
47506 Neukirchen-Vluyn (Vluyn)
www.obstplantagen-bloemersheim.de

Appetitlich und adrett präsentieren sich unzählige Produkte im freundlichen Ambiente des Vluyner Hofladens, während die Äpfel der hofeigenen Plantagen fast durchs Fenster wachsen. Bereits seit 1970 wird in Neukirchen-Vluyn unweit des Schlosses Bloemersheim integrierter Pflanzenbau betrieben. Damit war der Betrieb einer der ersten Direktvermarkter der Region. Hier wachsen nachhaltige Äpfel, Birnen, Pflaumen, Zwetschgen, Erdbeeren, Blaubeeren und Johannisbeeren. Allein 13 Apfelsorten warten darauf, entdeckt zu werden! Die Früchte verbleiben so lange an den Bäumen und Sträuchern, bis sich der volle Geschmack entwickelt hat, denn es gibt keine langen Wege. Die Ware wird sofort ab Hof verkauft.

Ein Teil des Obstes wird weiterverarbeitet. Die hofeigenen Säfte, Erdbeer-Nektar und Secco, Apfelchips mit und ohne Schokolade, Pflaumen- und Apfelmus, Marmeladen und Brotaufstriche und selbst Erdbeersenf werden angeboten. Dazu kommen Gemüse der Region, verschiedene Kartoffelsorten, Kräuter, Eingemachtes, Essig & Öl, Eier, Nudeln, Fleisch- und Wurstwaren, Gebäck, Backmischungen, Haferflocken, Kürbiskerne, Honig, Delikatessen, Bonbons, Wein, Bier, Cidre, Liköre, Destillate und vieles mehr.

Auf Wunsch werden Präsentkörbe jeglicher Größe individuell angefertigt, doch für den schnellen Einkauf stehen selbstverständlich bereits reichlich vorbereitete Produktarrangements bereit. Die Liebe zum Detail zeigt sich nicht nur im Aufbau und im Angebot des Hofladens, sondern auch in der persönlichen Bedienung und Beratung an der Obsttheke. Nachhaltiger und qualitativ hochwertiger kann sich Einkaufen nicht anfühlen.

Tipp

Die etwas weiter nördlich liegende Halde Norddeutschland kann über die 359 Stufen zählende „Himmelstreppe“ erklommen werden. Oben angekommen bietet sich neben der Kunstinstallation „Hallenhaus“ eine traumhafte Aussicht über den Niederrhein und ins Ruhrgebiet hinein.

NIEDERKRÜCHTEN: BIOHOF BOLTEN

•

Vollsortiment, Café und Alpaka-Yoga

Ein Besuch des Biohofs Bolten ist ein Fest für alle Sinne! Bereits an der Straße empfangen uns ein einladendes efeuumranktes Schild und eine Tordurchfahrt. Im Innenhof locken uns der Spielplatz und der gemütliche Außenbereich des Cafés, doch im Fokus steht der Hofladen. In dem geräumigen, modern und trotzdem mit ländlichem Ambiente gestalteten Verkaufsraum findet sich eine breite Produktpalette. Neben dem hofeigenen Gemüse wird ein Bio-Vollsortiment angeboten, bis hin zu Babynahrung, einem Unverpackt-Bereich, Nachfüll-Waschmitteln und nachhaltigem Toilettenpapier, mit dessen Kauf der Toilettenbau in Ländern der Dritten Welt unterstützt wird.

Hier vor Ort werden auf ökologische Weise Möhren, Kartoffeln, Zwiebeln, verschiedene Kohlsorten, Mais, Kräuter, Salate, Spinat, Pastinaken, Sellerie und Fenchel angebaut. Vater Willi, eigentlich Lehrer, begann bereits 1985 damit, Gemüse biologisch anzubauen, und errichtete ein Windrad auf seinem Hof. Ein echter Bio-Pionier, der von vielen Seiten kritisch beäugt wurde. Im gleichen Jahr startete der Hofverkauf. 1998 wurden Räumlichkeiten und Sortiment erweitert, und seit 2015 präsentiert sich der Hofladen stolz in der heute sichtbaren Form, mit einer breiten, stetig wiederkehrenden Stammkundschaft. Man kennt sich und die Kaffeemaschine ist ständig im Einsatz.

NIEDERKRÜCHTEN: BIOHOF BOLTEN

Dam 36
41372 Niederkrüchten
www.biohof-bolten.de

Neben verschiedenen Landbroten wird schmackhafter Kuchen angeboten. Und sollte das Wetter einmal zu schlecht sein, um sich in den Innenhof zu setzen, nehmen die Kunden in dem urigen, bunt und freundlich möblierten kleinen Café Platz.

Kinder sind willkommen! Die Spielecke im Café und der große Spielplatz neben der Streuobstweide, der uns an „Bullerbü" denken lässt, sprechen eine deutliche Sprache. Es wird Erlebnispädagogik angeboten, Kindergeburtstage und die Möglichkeit, mit den hofeigenen Alpakas oder Ponys spazieren zu gehen. Aber auch für die Erwachsenen ist gesorgt: Die Alpakas laden zum Yoga auf der Weide ein, bei dem sich die scheuen Tiere mit der Zeit auf menschliche Nähe einlassen. Um den Kunden viel zu bieten, ziehen die ganze Familie Bolten und das Team des Biolandhofs an einem Strang. Feldführungen, Wildkräuter-Wanderungen, „Alpaka-Schnuppern", verschiedene Workshops wie Wildblumenstrauß oder Herbstkranz binden und, nach Reservierung, ein gemütliches Frühstück gehören zum breit gefächerten Angebot und lassen jedermanns Herz höherschlagen.

Tipp

Ein Besuch auf dem Biohof Bolten lässt sich hervorragend mit einem Besuch des Hariksees kombinieren. Vom Bootsfahren über Minigolf bis hin zum Speisen im Restaurant wird alles geboten!
https://hariksee.com

REES-MILLINGEN: KAFFEEMANUFAKTUR RHEINKULT

Erlesen Geröstetes und eine „Kaffeebud"

„Diese Leute können Kaffee" – damit lässt sich eine lange Geschichte einfach auf den Punkt bringen! Eine Geschichte, die wie der Kaffee selbst eine äußerst wohlschmeckende Mischung enthält: Einen Teil „Coffee-Shop" (nicht im niederländischen, sondern im deutschen Sinne), einen Teil „Kaffeebud", gewürzt mit einer Prise Röstmeister und Barista, viel Herzblut und ein uriges Ambiente. Noch handelt es sich um ein Nebengewerbe, doch entspricht die liebevolle Handarbeit dem aktuellen Trend zu hochwertigem Kaffee aus ganzen Bohnen. Nachhaltig und regional produziert und in einem Siebträger zubereitet oder frisch in der Manufaktur gemahlen für den heimischen Filterkaffee.

Im Februar 2019 eröffneten Marvin und Lisa Böing ihre Kaffeemanufaktur im Ladenlokal einer ehemaligen Bäckerei im Ortskern von Rees-Millingen. Parkplätze befinden sich direkt vor der Haustür. Während seiner langjährigen beruflichen Erfahrung mit Kaffeeröstmaschinen (zunächst in einem anderen Berufsfeld) zeigte sich zusehends Marvin Böings Leidenschaft und sein Talent beim Rösten der Bohnen. Er absolvierte den Röstmeisterlehrgang und seine Frau Lisa, ebenfalls verrückt nach Kaffee, ließ sich zur Barista schulen, bevor das Paar den Sprung in die Selbstständigkeit wagte. Seitdem experimentieren sie nahezu spielerisch mit Aromen und Zubereitungsarten und entwickeln ausgereifte eigene Kaffeevariationen.

REES-MILLINGEN: KAFFEEMANUFAKTUR RHEINKULT

Kaffeemanufaktur Rheinkult
Hurler Straße 25, 46459 Rees-Millingen
www.kaffee-rheinkult.de

Feedback ist erwünscht und kann durchaus zu Neuschöpfungen führen. Die Kreativität und Liebe zum Niederrhein zeigt sich in dem Hashtag #ebkeskaffeetrinken, mit dem sie werben, und in den „Blends", die so klangvolle und lokalpatriotische Namen tragen wie „Reeser Bohne" oder „Den Schwatten" (Espresso). Natürlich ist auch eine „Hausmischung" vorrätig und vieles mehr, stets mit Herstellungs- und Mindesthaltbarkeitsdatum versehen. Der Rohkaffee stammt aus Guatemala, Indien, Äthiopien und Brasilien und wird vor Ort in der glänzenden Röstmaschine verarbeitet. So entsteht niederrheinischer Kaffeegenuss pur.

Geöffnet ist das Geschäft aktuell an zwei Wochentagen für einige Stunden am späten Nachmittag, Außerdem hat sich eine weitere originelle Idee etabliert, die Marvin Böing „Barista-Bar auf Rädern" oder auch ganz bodenständig „Kaffeebud" nennt. So findet man ihn samstagvormittags auf dem Reeser Wochenmarkt oder auf Bestellung bei Firmenfeiern und privaten Festlichkeiten, wie zum Beispiel auf Hochzeiten, um die Zeit zwischen dem Standesamt und der kirchlichen Trauung stilvoll zu überbrücken. Die Corona-Jahre haben dazu geführt, dass der Onlineshop Fahrt aufgenommen hat. Alle Sorten und Größen lassen sich bequem am Handy, Laptop oder PC bestellen und werden direkt nach Hause geliefert.

Tipp

Nur wenige Meter entfernt lädt das Strandbad Millinger Meer mit Biergarten, Strand und Naturfreibad zum Baden ein. Gelegentlich werden sogar Gitarrenmusik und Lagerfeuer geboten.
Facebook: Strandbad Millinger Meer

SCHERMBECK-GAHLEN: FORELLENZENTRUM NARODA

Ein Ort zum Schlemmen und Angeln

Dort wo sich die Lippe Richtung Gahlen wölbt, liegt zwischen dem Fluss und dem Wesel-Datteln-Kanal ein halbinselförmiges Fleckchen Natur pur. Hier dreht sich alles um Fische und ums Fischen! 1973 entstand an dieser Stelle – wo der Niederrhein aufhört und die großen Städte unsichtbar, aber nicht mehr fern sind – die nach eigenen Angaben „größte Fischzuchtanlage im Ruhrgebiet". Jährlich werden 70 Tonnen Regenbogenforellen gezüchtet. Natürliches Futter und moderne, umweltorientierte Technik sorgen für ein gleichbleibend sauberes und kristallklares Wasser. Diese Faktoren beeinflussen den Geschmack positiv und sorgen dafür, dass es sich bei den Speisefischen um gesunde, starke Tiere handelt.

SCHERMBECK-GAHLEN: FORELLENZENTRUM NARODA

Zum Gahlener Grind 2
46514 Schermbeck-Gahlen
http://www.forellenzentrum-naroda.de/

Sie werden auf dem Bauernmarkt Riswick (siehe S. 66), Wochenmärkten, Stadtfesten und regionalen Weihnachtsmärkten ebenso verkauft wie im Forellenzentrum selbst. Die Auswahl ist vielfältig: Regenbogen- und Lachsforelle, jeweils frisch und küchenfertig, geräuchert oder filetiert und geräuchert. Zudem Räucheraal (ganz, Mittelstück oder Filet) sowie Brathering, Forelle „süßsauer“, Rauchmatjesfilet, warme Forellenfrikadellen, Brötchen mit Forellenfilet, Rauchmatjes, Brathering oder Räucheraal sowie für „Fischverächter“ warme Bockwurst mit Senf oder Ketchup und Kartoffelsalat oder andere Beilagen und Getränke. Verspeist werden kann das Ganze sehr gern im idyllischen Biergarten vor Ort, in dem es 50 Sitzplätze gibt.

Familie Naroda hat noch mehr zu bieten, nämlich verschiedene Angel- und Mietteiche (halbtags oder ganztags), natürlich mit Besatz. Es gibt sogar eine Familienkarte!

Tipp

Wie wäre es mit einem besonderen Museumsbesuch? Das kleinste Strommuseum der Welt steht ganz in der Nähe, im Schermbecker Ortsteil Damm in einem Transformatorenhäuschen! Auf engem Raum findet sich alles, was alt ist und mit Strom zu tun hat.
www.turmverein-damm.de

SONSBECK:
KORBFLECHTEREI MARGRET SCHIFFER

Liebe zur handwerklichen Tradition

Wer Margret Schiffer an ihrer Plank sitzen sieht, während ihr die Weidenruten durch die flinken Finger gleiten und die kleinen Katzen danach schnappen, der weiß: Diese Frau lebt ihre Leidenschaft! Seit 1987 arbeitet die Korbmachermeisterin selbstständig in ihrer kleinen Werkstatt, umgeben von ihren Werken, ihren Auftragsarbeiten und in der Regel auch von einem geliebten Haustier. Nachdem ihr Hund vor einigen Jahren verstarb, nimmt ein munterer Kater namens Titus seinen Platz ein und erfreut sie bei der Arbeit.

Es ist spannend, ihr zuzusehen. Margot Schiffers Werk ist eine faszinierende Mischung aus mühevoller Kleinarbeit und unglaublich schnell wachsendem Fortschritt,

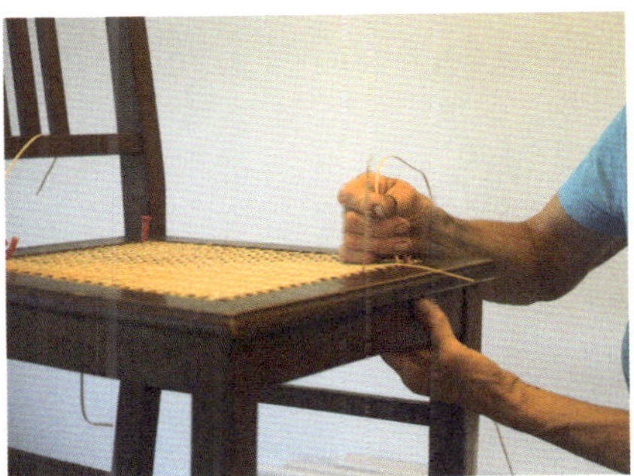

SONSBECK: KORBFLECHTEREI MARGRET SCHIFFER

Kevelaerer Str. 13
47665 Sonsbeck
Tel. 02838/9215

voll kreativer Kraft und handwerklichem Geschick. Die Bewegung ihrer Finger erinnert an einen Harfespieler – wäre da nicht das rotierende Brett, die Plank, der mit einem Gewicht beschwerte Boden des Werkstücks und die stachelig abstehenden Weidenruten, die übrigens aus den benachbarten Niederlanden stammen. Sie fertigt Standardprodukte wie verschiedene Körbe, aber auch besondere Dinge und Sonderanfertigungen. Ihr Lager scheint überzuquellen von geflochtenen Gegenständen in allen Größen und Formen. Da gibt es Körbe mit und ohne Henkel oder Muster in allen Größen und Formen für Einkauf, Lagerung, Flaschen, Besteck, Wäsche und vieles mehr. Aber auch Wiegen oder Stubenwagen, Tabletts und kreative Dekoartikel. Selbst die Rankhilfen für die blühende Blumenpracht vor der Haustür sind handgeflochten.

Ihre Waren verkauft Margret Schiffer direkt in ihrem Atelier oder auf Handwerker- und Kunsthandwerkermärkten. Zwei unterschiedlich große Anhänger stehen parat, um sie und ihre Kunst zu transportieren. Neben der Fahrzeit kommen– je nach Wagen – zwei bis vier Stunden für den Aufbau dazu, sowie etwa die Hälfte dieser Zeit für den Abbau. Dafür macht es ihr große Freude, spontan auf den Märkten kleine Workshops abzuhalten, meistens für Kinder. Eine Anmeldung ist nicht erforderlich. Ohne langes Vorgeplänkel erschaffen die Kleinen nicht nur Körbe, sondern (meistens viel lieber) Autos, Sonnen, Boote, Spinnen oder Ballons. Kreativität kann so viel Freude bereiten!

Tipp

Die Sonsbecker Schweiz lädt mit einer landschaftlichen Schönheit, die fast schon kitschig ist, zu ausgiebigen Spaziergängen und Radtouren ein. Den buchstäblichen Höhepunkt erreicht sie am Aussichtsturm am Dürsberg, in dessen Umgebung zudem ein Klima-Erlebnispfad durch den Wald angelegt wurde.
www.sonsbeck.de

TÖNISVORST: ST. TÖNISER OBSTHOF

Paradies vor den Toren von St. Tönis

Vor den Toren von St. Tönis wartet ein kleines Paradies darauf, erkundet zu werden! Eingebettet in die weite niederrheinische Landschaft geleiten Obstbäume und Wiesen den Besucher bis vor den Hof. Es ist viel Platz da, zum Parken und für die Menschen aus der Umgebung. So befindet sich beispielsweise vor der Tür, gleich neben der Plantage, ein frei nutzbarer Beachvolleyballplatz. Auf der anderen Straßenseite warten Shetland-Ponys, Walisische Schwarzkopfschafe und die Ziege Heidi darauf, gestreichelt zu werden. Gleich nebenan, im Innenhof, laden Tische und Stühle, teils unter Weinlaub, dazu ein, es sich im hauseigenen Bauernhofcafé gemütlich zu machen. Selbst hier lassen sich Tiere bestaunen: Fische im Aquarium und, als Herz des Ganzen, die Kaninchen Schmitz und Backes, an deren Gehege gleich noch die rheinische Redewendung „an Schmitz Backes vorbei sein" (etwas überstanden

TÖNISVORST: ST. TÖNISER OBSTHOF

•

Düsseldorfer Str. 4
47918 Tönisvorst
www.st-toeniser-obsthof.de

TÖNISVORST: ST. TÖNISER OBSTHOF

Düsseldorfer Str. 4
47918 Tönisvorst
www.st-toeniser-obsthof.de

haben) erklärt wird. Zum Café gehört eine gemütliche Scheune mit Kamin, Büchern und Zeitschriften sowie Beschäftigungsmaterial für Kinder als Schlechtwetter-Variante.

Bei all der Pracht und solchen Möglichkeiten vergisst man leicht, überhaupt den Hofladen zu betreten. Aber das wäre schade, denn der hat es in sich. Der Hof bietet so einiges Gute aus dem eigenen integrierten Anbau: neun verschiedene Sorten Aroma-Äpfel (darunter die seltenen Apfelsorten Topaz und Pinova, die allergenarmen Braeburn und Wellant sowie Boskoop für Diabetiker), Birnen, Kirschen, Pflaumen, Mirabellen, Reneclauden, Quitten, Aprikosen, Pfirsiche und Nektarinen sowie Johannisbeeren, Stachelbeeren, Blaubeeren, Himbeeren, Erdbeeren und – einzigartig am Niederrhein – Aronia-Beeren. Dazu gibt es die daraus hergestellten Produkte: Säfte, Erdbeer-Nektar, hausgemachte Brotaufstriche, Marmeladen und Liköre, Apfelessig, Sirup, Apfelchips mit und ohne Schokolade sowie

TÖNISVORST: ST. TÖNISER OBSTHOF

Düsseldorfer Str. 4
47918 Tönisvorst
www.st-toeniser-obsthof.de

regionales Gemüse, Kartoffeln, Kräuter, saisonale Südfrüchte, Brot und Gebäck (Apfelbrot aus den hofeigenen Äpfeln), Eintöpfe, Fleischerzeugnisse, Honig, Käse, im Wechsel der Jahreszeiten Spargel oder Kürbisse sowie eine Vielzahl weiterer regionaler Produkte.

Im Eingangsbereich werden Präsentkörbe angeboten, die auf Wunsch auch individuell zusammengestellt werden können. Die Freundlichkeit des Personals kommt von Herzen. Da fällt es so manchem Kunden gar nicht so leicht, am Ende des Tages den Heimweg anzutreten. Immerhin: Die hofeigenen Produkte werden auch auf verschiedenen vom Verein Rheinischer Bauernmärkte organisierten Düsseldorfer Märkten angeboten.

Tipp

Der historische Dampfzug „Schluff“ fährt von Mai bis September jeden Sonntag dreimal zwischen St. Tönis und dem Hülser Berg hin und her. Eine Fahrradmitnahme ist möglich, sodass sich die aufregende Fahrt mit Zeitreise-Flair mit einem bunten Sonntagsausflug verbinden lässt.
www.schluff-krefeld.de

Weitere Hofläden & Manufakturen

MOERS: AUMÜHLE

Angebot: Brotverkauf, Brotbackkurse | Sortiment: verschiedene Traditionsbrote

Venloer Straße 40, 47447 Moers | www.aumuehle-moers.de

MOERS-SCHWAFHEIM: SCHWAFHEIMER HOFLADEN FECHNER GBR

In dem gemütlichen Hofladen am Rande von Moers dreht sich alles um „Kartoffeln in Hülle und Fülle". 14 Sorten werden vor Ort angebaut, auch besondere wie das „Bamberger Hörnchen" oder „La Ratte". Keine Frage bleibt unbeantwortet, kein Wunsch unerfüllt: So wurden ergänzend zum breiten regionalen Sortiment (inklusive Weihnachtsbaumverkauf) im Innenhof der Hofstelle Sitzgelegenheiten geschaffen und das Angebot um Kaffee und hausgemachte Kuchen erweitert. Willkommen im Paradies!

Dorfstraße 81, 47447 Moers-Schwafheim | Tel. 02841 30495 | www.schwafheimer-hofladen.de

NEUKIRCHEN-VLUYN: RHEINISCHER BAUERNMARKT NEUKIRCHEN AM MISSIONSHOF

Termin: donnerstags 14–18 Uhr

Angebot: Milch und Milchprodukte, Käse, Brot und Gebäck, Vielfalt von saisonalem Obst und Gemüse, Nudeln, Honig, Konfitüren, Säfte, Blumen

Hochstraße 12, 47506 Neukirchen-Vluyn | www.rheinischer-bauernmarkt.de

REES: REESERWARDER OBSTANLAGEN

Keine 200 m vom Rhein und nur 500 m von der Reeser Rheinpromenade entfernt liegt der Hofladen, umgeben von Apfelplantagen. Angeboten werden die eigenen Äpfel und Birnen, deren Direktsaft, Apfelringe, hausgemachter Fruchtaufstrich sowie einige ergänzende regionale Produkte wie Marmelade, Eier, Säfte und Secco. Sehr schön: Es findet eine fachkundige Beratung statt und alle Apfel- und Birnensorten können vorher probiert werden.

Marlen Baumann, Wardstraße 2, 46459 Rees | Tel. 02851 1401 | www.reeserwarder-obstanlagen.de

Weitere Hofläden & Manufakturen

REES: VRIENDSHOF

Auf dem idyllischen Hof in Grietherbusch, unweit des Rheins, werden auf 15 ha nach den Richtlinien des integrierten Anbaus mehr als 13 Apfelsorten (auch für Allergiker) sowie 10 Birnensorten, Zwetschgen, Walnüsse, Zier- und Esskürbisse angebaut. Im urigen Hofladen gibt es zudem frisch gepressten Saft, auch aus eigener Herstellung, Eier, Kartoffeln, hausgemachte Marmelade, Honig, Apfel- und Birnenkraut, Apfelchips und die Produkte der Niederrhein-Destille.

Wilhelm & Gisela Baumann, Grietherbusch 7, 46459 Rees | Tel. 02851 986111 | www.vriendshof.de

SCHWALMTAL: HARTGES KORNBRENNEREI GMBH & CO. KG

Angebot: Shop, Onlineshop, Gin-Destillationskurse, Führungen, Sonderabfüllung mit Eigenetikett

Sortiment: Gin, Korn, Geister, Creme-Likör, Fruchtliköre, Kräuter und Bitter, Wacholder, Wodka, Öl, Essig, Minis, Spezialitäten, Präsentkörbe

Birgen 21, 41366 Schwalmtal
https://hartges-shop.de

SONSBECK: PELLTEC GMBH

Angebot: Lieferservice

Sortiment: Holzpellets, Holzbriketts, Holzpelletheizungen

Holtwick, Bruchstraße 75, 47665 Sonsbeck
www.pelltec.de

STRAELEN-HERONGEN: CRYNENHOF

Neben eigenen Kartoffeln, Weißkohl, Rotkohl, Kürbissen, Freilandeiern aus dem Hühnermobil, Marmeladen aus eigener Herstellung sowie Wurst und Brot nach eigener Rezeptur wird in dem Hofladen ein umfangreiches regionales Sortiment bis hin zu Geschenkkörben und Dekoartikeln angeboten. Tannenbäume und Bastelangebote zur Weihnachtszeit runden das Angebot ebenso ab wie Hoffeste.

Niederdorfer Straße 67, 47638 Straelen-Herongen | Tel. 02839 310 | www.crynenhof.de

UEDEM: DIE MOBILE SAFTPRESSE HAAKEN

Saft aus eigenem Obst

Ihr eigenes kleines Verkaufshäuschen mit Freilandeiern und 1000 wunderbaren selbst gemachten Dingen hat Familie Haaken leider zum Ende 2021 geschlossen. Zu groß war der Arbeitsaufwand neben den beiden Hauptberufen. Ihre Freilandhühner leben nun woanders. Nur für den Eigenbedarf haben die sympathisch-frischen jungen Nebenerwerbs-Landwirte noch einige „Grünleger" behalten – grüne Eier sind halt etwas Besonderes. Aber das heißt nicht, dass sie sich von der Landwirtschaft verabschiedet haben. Wenn Papa Alex am Wochenende – besonders im Herbst – seine mobile Saftpresse auspackt, helfen alle mit: Ehefrau Mareike, die Kinder Jule, Merle und Pepe. Und natürlich leisten auch die Hofhunde Dira und Rudi ihren Anteil, indem sie den Hof hüten. Die einzige mobile Saftpresse weit und breit (die nächste ist in Aachen zu finden) wird samstags auf dem Hof der Mutter in Uedem (Gocher Straße 22 – Anmeldung erforderlich) betrieben. An Sonntagen ist sie auf Bauernmärkten und Erntefesten in der Umgebung zu finden, wo Privatkunden stolz ihren ganz individuellen Saft aus Äpfeln vom eigenen Baum pressen und mit nach Hause nehmen können. Die 3- und 5-Liter-Kartons enthalten einen Zapfhahn und sind ohne Kühlung mindestens ein Jahr haltbar, nach Anbruch noch drei Monate. Birnen oder Quitten können beigemischt werden.

UEDEM: DIE MOBILE SAFTPRESSE HAAKEN

•

https://mobilesaftpresse.de/

Kurz gesagt: Steckt man an der einen Seite der Maschine Äpfel hinein, fließt am anderen Ende der Saft in die Beutel, die in den Karton integriert werden. Auch eine Flaschenabfüllung ist möglich. Interessant sind die „Produktionsschritte in der Mitte“: Die Früchte werden zunächst gewaschen, dann zerkleinert und gepresst und schließlich kurzzeitig schonend erhitzt, um die nötige Haltbarkeit zu erzielen. Schaut man dabei zu, stellt man schnell fest, dass selbst das Abfallprodukt, die festen Reste, sehr wohlschmeckend sein kann. Was nicht stibitzt und genascht wird, wird befreundeten Bauern als hochwertiges Tierfutter zur Verfügung gestellt. 100 kg Äpfel ergeben etwa 50 bis 70 Liter naturreinen Saft, der je nach Sorte und Qualität der genutzten Früchte ganz unterschiedlich schmecken kann. Ab einer Menge von 50 kg erhalten Kunden den Saft aus ihrem eigenen Obst, ab 2000 kg kommt die Saftpresse auch zum Kunden.

Tipp

In der Nähe befindet sich Deutschlands größtes Traktorenmuseum! Auf dem Pauenhof in Sonsbeck kann man nicht nur Trecker, Dampfmaschinen und landwirtschaftliche Gerätschaften aus vergangenen Jahrhunderten bewundern, sondern sogar selbst einmal am Steuer eines Traktors sitzen. Ein Spielplatz und reichlich Gelegenheit zum Picknicken runden den Freizeitspaß ab.
www.traktorenmuseum-pauenhof.de

UEDEM: HOCHWALD-SPARGEL

•

Hochwertiges mitten in der Natur

Der Hochwald bei Uedem steht nicht nur für Waldbaden und den genussvollen Aufenthalt in der Natur, der sandige Boden an seiner Westflanke bietet auch optimale Voraussetzungen für den Spargelanbau. Die Qualität ist so hochwertig, dass das „weiße Gold" während der Saison an sage und schreibe sieben verschiedenen Verkaufsstellen im Umkreis von 25 km angeboten wird: Von Kranenburg über Kleve, Kalkar und Rees bis Xanten wird die Region mit einem breiten Sortiment versorgt. Der Hofladen am idyllischen Hochwald lässt eines sofort erkennen: ganz viel Herzblut und die Liebe zu den eigenen Erzeugnissen! Die Palette ist breit und umfasst nicht nur den Spargel, sondern auch die hofeigenen Erdbeeren und Kartoffeln sowie ein umfangreiches Portfolio hausgemachter, in Handarbeit hergestellter Leckereien (fruchtige Brotaufstriche, Spargelspitzen in Vinaigrette und noch vieles mehr). Hinzu kommen sorgsam ausgewählte Produkte aus der Region bis hin zu alkoholischen Spezialitäten und alkoholfreiem Secco.

Vor einigen Jahren übernahm Rachel Poen den Hof ihres Vaters Jann-Henn, der nach wie vor kräftig mit anpackt, Mutter Friederike unterstützt bei der Verarbeitung und Vermarktung der Produkte. Neben dem Spargel- und Erdbeerhoffest am Pfingstsonntag werden Hof- und Feldführungen, Workshops und pädagogische Programme angeboten. „Ein Spargelhof zum Anfassen" lautet die Devise. So gibt

UEDEM: HOCHWALD-SPARGEL

•

Hochwald-Spargel GbR
Am Hochwald 5, 47589 Uedem
https://hochwald-spargel.de | Wohnmobil-Stellplätze: www.landvergnuegen.com

es neben Erdbeerfeldern zum Selbstpflücken die Möglichkeit eines „geführten Spargelstechens", bei dem Spargel nicht nur selbst geerntet, sondern auch sortiert und geschält wird. Auf eigene Faust können Besucher beim Hof- & Feldspaziergang mit Picknickkorb, Wanderkarte und reichlich Informationen losziehen. Der Hof verfügt zudem über drei Wohnmobilstellplätze, die über das Portal „Landvergnügen" angeboten werden.

Spargel in Vinaigrette gibt es im Selbstbedienungshäuschen. Auf dem Hof wird die Produktpalette um Beerenobst (Heidelbeeren und Himbeeren, auch zum Selbstpflücken), Kürbisse und vieles mehr erweitert. Außerhalb der Spargelsaison stehen saisonale Produkte, Brotaufstriche und mehr zur Verfügung. Das angegliederte Restaurant und Hofcafé „Hufschen Henn" sorgt für entspannten Genuss in ländlicher Atmosphäre. Neben hofeigenen Produkten verwöhnen Kaffeespezialitäten, Kuchen und Bistrogerichte den Gaumen der hungrigen Ausflügler. Natürlich können auch individuell Feste gefeiert und Veranstaltungen geplant werden. Empfehlenswert ist die Teilnahme an den öffentlichen Veranstaltungen: Gin-Tasting, Whisky-Tasting, Bierbrauworkshops, Menüs mit Weinbegleitung oder Workshops im Binden von Trockenblumenkränzen – das attraktive Angebot kann sich sehen lassen. Ein Kürbisfest im Oktober und ein Wintermarkt im November beenden stimmungsvoll den Jahreslauf der hofeigenen Veranstaltungen. Auf nach Uedem!

Tipp

Ein Besuch auf dem Spargelhof lässt sich wunderbar mit einer Radtour und/oder einer Wanderung im Uedemer Hochwald verbinden. Zahlreiche Rad-, Wander- und Reitwege durchziehen das stimmungsvolle Waldstück auf dem Niederrheinischen Höhenzug, der in Teilen als Naturschutz- oder Landschaftsschutzgebiet ausgewiesen ist. An einigen Stellen finden sich Hügelgräber, die vermutlich aus der Hallstattzeit stammen. Auch Überreste aus der Römerzeit sind hier zu finden.

UEDEM-KEPPELN: BAUERNMARKT LINDCHEN

•

Was mit Kartoffeln in der Garage begann …

UEDEM-KEPPELN: BAUERNMARKT LINDCHEN

Bauernmarkt Lindchen
Am Lindchen 3, 47589 Uedem-Keppeln
www.bauernmarkt-lindchen.de

Bernd Hesseling absolvierte seine Ausbildung bei einem „Kappesbauern" im Krefelder Raum und brachte seine Frau Rita, ebenfalls vom Bauernhof, gleich mit auf den gepachteten elterlichen Hof, den die beiden 1986 mit 9 ha landwirtschaftlicher Fläche übernahmen. Immer schon hatten Nachbarn und Freunde bei Bedarf den einen oder anderen Sack Kartoffeln am „Keppelner Kartoffelhof" erworben, aber nun begann ein Verkauf aus der Garage. Durch das Küchenfenster konnte die Familie sehen, ob Kundschaft kam. Die Lage an der Kreuzung der B67 mit der L362 „am Lindchen" war günstig und die Kunden fragten nach weiteren Produkten. Zeitgleich gaben Betriebe aus der Nachbarschaft ihre angebauten Waren (z. B. Eriken) gerne an den kleinen Garagenverkauf ab, wo sie preisgünstig an den Mann und die Frau gebracht wurden. Der Bauernmarkt Lindchen war geboren!

Schaut man heute auf den Glaspavillon, die großen Hallen, die Verkaufswagen (Bäckerei, Fischhändler, Wurst), die große Freiland-Verkaufsfläche für Blumen und Pflanzen und den großzügig dimensionierten Parkplatz mit eigener Abbiegespur von der B67, so erkennt man schnell anhand der Autokennzeichen, dass das „Lindchen" ein Magnet für Menschen von nah und fern geworden ist. Die überzeugte Stammkundschaft wächst stetig. Eines der Erfolgsgeheimnisse ist sicherlich, dass ein sehr breites, an der Nachfrage orientiertes Angebot regionaler landwirtschaftlicher Erzeugnisse angeboten wird, wobei günstige Einkaufspreise über

Brokkoli
* Eigener Anbau *
500g 1,-
Kg 2,-
Zucchini
500g 75ct
Kg 1,50€
Aubergine
500g 75ct
Kg 1,50€

wöchentlich wechselnde Sonderangebote an den Kunden weitergegeben werden – nicht nur im Hofladen, sondern auch an die Gastronomie und den Großhandel.

Die eigene Anbaufläche wurde auf fast 300 ha erweitert, von denen mittlerweile 35 ha biologisch bewirtschaftet werden – Tendenz steigend. Ein großer Teil der angebotenen Produkte wird selbst angebaut. Bei anderen Erzeugnissen setzt man nach wie vor auf Partner vor Ort: Das „Pfalzdorfer Landschwein", das Auslauf genießt und im Stroh spielen darf, wird ausschließlich für das „Lindchen" gezogen und von einem Metzger vor Ort für den Verkauf im Bauernmarkt vorbereitet (Mettwurst, Grillfleisch, Aufschnitt, Wurst etc.). Die Söhne Peter und Johannes bringen mittlerweile ihr eigenes landwirtschaftliches und kaufmännisches Knowhow mit in das Unternehmen ein, das sich in stetem Wandel befindet: So können inzwischen Waren online vorbestellt werden, und der Verkaufsschlager, die Gewürzgurken „nach Mutters Hausrezept", bei deren Herstellung in alten Zeiten die ganze Dorfjugend eingespannt wurde, soll in Kürze zum Versand bereitstehen.

Höhepunkte im Jahreslauf sind Aktionen und Events wie die Schultüten-Aktion, wenn „I-Dötzchen" ihre Schultüte mit frischem Obst und Gemüse füllen lassen. Oder das Kartoffelsammeln in den Herbstferien, wenn Jung und Alt mit den Händen in der Erde wühlen und erleben, wie es sich anfühlt, seine Nahrungsmittel selbst zu ernten. Zur Kürbiszeit wird eine große Pyramide aufgebaut. Groß und Klein können schätzen, wie viele Kürbisse verbaut wurden oder wie viel der größte Kürbis wiegt. Dabei stehen Kürbiskerne vermehrt im Fokus. Sie werden vor Ort verarbeitet und angeboten. Ein weiterer regionaler Höhepunkt im breit aufgestellten Sortiment.

Tipp

Für Familien mit Kindern bietet sich ein Besuch im „Wunderland Kalkar" an. Kernie's Familienpark bietet ein All-Inclusive-Angebot aus Freizeitpark, Essen und Trinken. Messehallen und das Veranstaltungsgelände runden mit Ausstellungen und Events das Angebot ab.
www.wunderlandkalkar.eu

WESEL-BISLICH: CLOSTERMANN ORGANICS

Achtsamkeit und Innovation

Mitten in den Bislicher Rheinauen, in der Bauernschaft Jöckern, geleiten uns Alleebäume zu einer Oase der Achtsamkeit und Innovation, zu einem Hof, der zugleich bodenständig, naturnah und so modern ist, dass selbst der Name den Weg in internationale Märkte ebnet: Die Rede ist vom Neuhollandshof mit dem landwirtschaftlichen Betrieb der Demeter-Obstplantagen Clostermann.

Seit 1867 Nachkommen des gegenüberliegenden Hollandshofs die neue Hofstelle gründeten, betrat jede Generation landwirtschaftliches Neuland. 1927 hielt der moderne Obstbau nach englischem Vorbild Einzug auf dem Hof, in den 1950er-Jahren wurde der erste Hofladen eröffnet, und 1982 stellte Rolf Clostermann auf ökologischen Anbau um. Die Demeter-Zertifizierung als verlässliches Siegel für Bio-Qualität wird seitdem jährlich nach strengsten Kriterien erneuert. Mittlerweile übernimmt mit Tochter Leslie die nächste Generation das Ruder und bringt die hauseigene Kreation, den alkoholfreien „Appléritif" in allen möglichen Geschmacksvariationen, beispielsweise „Apfel & Rose" oder „Salz-Pomeranze & Wacholder", weiter voran. „Freude zwischen Sekt und Selters" ist die Devise. Der Experimentierfreude sind keine Grenzen gesetzt. Man darf gespannt sein, welche Pionierleistungen in Zukunft bevorstehen!

„Schau hin!" ist das Motto, ebenso wie Regionalität und Nachhaltigkeit. Bio-Anbau ist machbar, fordert aber ein Umdenken, das auf dem Hof deutlich spürbar und mit allen Sinnen erfahrbar ist. Rosen und Bienen unterstützen die natürliche Bestäubung. Gesteinsmehle, Kiesel und Ähnliches sorgen für

WESEL-BISLICH: CLOSTERMANN ORGANICS

Jöckern 2
46487 Wesel-Bislich
www.clostermann-organics.com

die natürliche Gesundheit der Obstbäume. Es wird mit Sorten experimentiert, wobei Geschmack, Widerstandsfähigkeit und Verträglichkeit, bezogen auf Allergien, die wichtigsten Kriterien sind. Mittlerweile 40 Sorten sorgen dafür, dass das ganze Jahr hindurch schmackhafte Äpfel verfügbar sind. Daneben werden Birnen angebaut, naturreiner Apfelsaft, Apfelkraut, Apfelsecco und der erwähnte Appléritif produziert und Honig und die hofeigenen Walnüsse ebenso wie regionales Saisongemüse und ergänzende Bio-Produkte im Hofladen angeboten. Plantagen und Kräutergarten sind öffentlich zugänglich und bieten Orte der Ruhe zwischen Kastanien- und Walnussbäumen, Rosenstöcken an den Plantagen und malerischen Bänken zum Verweilen. Thea Clostermanns Herzensprojekt ist das Teehaus/Kulturforum, in dem unzählige Seminare und Kurse angeboten werden: Achtsamkeit und Stressbewältigung, Yoga, Ayurveda und Kräuter stehen ebenso im Fokus wie Musik, Kochkunst, Literatur, Bildhauerei und die Teezeremonie selbst.

Nur wenige Orte strahlen zugleich eine solche Ruhe und quirlige Experimentierfreude aus.

Tipp

Von Bislich ist es nicht weit bis zum historischen Stadtkern Rees. Hier lockt nicht nur die malerische Rheinpromenade mit entspannter Atmosphäre und originellen Skulpturen, sondern auch die alte Festung und die zu weiten Teilen erhaltene Stadtmauer. Über das Museum oder bei Führungen (sehr empfehlenswert auch mit dem Nachtwächter!) sind sogar die Kasematten öffentlich zugänglich.
www.rees.de
www.nachtwaechter-rees.de

WESEL-BÜDERICH: WALTER BRÄU

Heimatliebe und Kreativität

Wenn Walter braut, ist die Welt in Ordnung! Eigentlich ist er ja Rentner, aber bereits seit 15 Jahren lebt er seine Kreativität und vor allem die Liebe zum Bier aus, wenn er im heimischen Brauraum mit Fässern und Kesseln hantiert. Gelernt hat er das Ganze von der Pike auf. Nach einer Ausbildung als Brauer und Mälzer und einem Studium an der TU Berlin arbeitete er bei verschiedenen namhaften Brauereien. Heute zeigt sich seine Heimatverbundenheit bereits in den Namen seiner Kreationen: „Drachenbräu", „Hildegardbier" und „Alter Walter". Oder der „Weseler Brückenschlag – ein Bier, das verbindet", das anlässlich der Fertigstellung der Weseler Rheinbrücke entstand und so mild ist, dass es sogar Menschen schmeckt, die sonst kein Bier trinken. Zu jeder Sorte gibt es eine herrliche Geschichte, die im Onlineshop auf der Plattform „Feines vom Land" nachzulesen ist, und ein mit viel Fantasie gestaltetes Etikett. Bezogen auf die Ware müsste es eigentlich „Frisches vom Land" heißen, denn für Bestellungen, Abholungen und die vielen Veranstaltungen, auf denen Walter Bräu präsent ist, wird das Bier frisch abgefüllt und schmeckt natürlich vom Fass am allerbesten.

Heimatverbundenheit zeigt sich auch in den Rohstoffen. Als Projektpartner von „KornB – Auf zu neuen Feldern" wird bei der Herstellung mit alten Getreidesorten experimentiert, die vor Ort oder in unmittelbarer Umgebung angebaut werden, beispielsweise mit Chevalier-Gerste oder Mahndorfer Hanna. So erweitert sich die Produktpalette quasi von selbst, die ohnehin vom Bockbier über helle Landbiere bis hin zum „Alten Walter" reicht, der auf die jahrhundertelange Altbiertradition am Niederrhein Bezug nimmt. Ergänzend sind

WESEL-BÜDERICH: WALTER BRÄU

Inh. Walter Hüsges
Perricher Weg 54C, 46487 Wesel-Büderich
www.walterbrau.de | www.feines-vom-land.de | www.kornb.de

mittlerweile Bockbierbrand, Walters Hopfenstolz-Likör und Dinkel-Dips im Sortiment.

Genießen lässt sich das Bier vielerorts: Angeboten wird es in etlichen Hofläden im Umkreis, über den Onlineshop im Internet, auf unzähligen regionalen Veranstaltungen, Märkten und Festen. Am besten schmeckt der Gerstensaft bei Walter Bräu in der urigen Schänke oder im romantischen Biergarten unter Weinlaub, gewürzt mit persönlichen Gesprächen und Geschichten. Gemütlich und lehrreich zugleich geht es bei den Brauseminaren zu, die es als „Trocken-Seminar" (es stehen eine Brotzeit und die Getränke im Vordergrund) über eine „Halbe Schicht" bis hin zum „Nass-Seminar" (inklusive Bierbrauen, Frühstück, Mittagessen und Vorrat für zu Hause) reichen.

In diesem Sinne: „Hopfen und Malz, Gott erhalt's" – und Walters Kreativität bitte auch!

Tipp

Gleich auf der anderen Rheinseite, „mal ebkes über die Brücke", lässt sich die Stadt Wesel erkunden. Das LVR Niederrheinmuseum Wesel oder eine Stadtführung geben Einblicke in die wechselvolle und ungewöhnliche Geschichte der Stadt Wesel und der „Niederrheinlande".

WILLICH-ANRATH: STAUTENHOF

•

Bio-Landvergnügen mit Hofladen, Bistro und Spielplatz

Wer die Auszeichnungen und Leistungen des Stautenhofs aufzählen möchte, gerät schnell außer Atem: CeresAward „Landwirt des Jahres 2021“, „Bundespreis Ökologischer Landbau 2014“, Biolandhof, Naturlandhof, Demonstrations- und Leitbetrieb für den ökologischen Landbau NR. Selbstverständlich hat der WDR mit „Land & Lecker“ hier schon Station gemacht! Bereits von Weitem wird sichtbar: Da ist was los! Zwischen Äckern und Weiden mit Hühnermobilen, Rindern, Schafen und Alpakas genießen die Gäste den Einkauf im Hofladen und die Leckereien des Bistros, bei schönem Wetter draußen unter Schatten spendenden Bäumen.

WILLICH-ANRATH: STAUTENHOF

•

Darderhöfe 1
47877 Willich-Anrath
www.stautenhof.de

Gleich gegenüber befinden sich ein großer Bauernhof-Spielplatz und ein Automat mit Bio-Futter für die Schafe und Alpakas. In einem eingezäunten Bereich ist die direkte Begegnung mit den Tieren möglich. Nebenan lockt ein Kräutergarten. Auf dem Gelände gibt es vier Ladesäulen mit acht Ladepunkten für E-Fahrzeuge, einen Bauernhof-Kindergarten, über die „Ackerhelden" können Privatpersonen ihr eigenes Stück Land bebauen, und Wohnmobile finden über das „Landvergnügen" einen attraktiven Stellplatz zwischen Äckern und Weiden.

Herz des Ganzen ist Familie Leiders, bei der vier Generationen, von der Uroma bis zum jüngsten Nachwuchs, an einem Strang ziehen, unterstützt durch 60 Mitarbeiter. Auf 80 ha Land werden Ackerbau, Weidehaltung und Gemüseanbau betrieben. 1997 wurde auf ökologischen Landbau umgestellt, 1999 das denkmalgeschützte Wohnhaus und der ehemalige Kuhstall umgebaut. Verkaufsräume entstanden, 2001 folgten Schlachthaus und Wurstküche, 2011 das Bistro, 2013 die Hofbäckerei mit Holzbackofen.

Heute leben 350 Mastschweine, 55 Zuchtsauen, 200 Mastrinder, 2400 Legehennen, 2000 Weidehähnchen (auch Bruderhähne) und Puten in biologischer Haltung auf dem Hof. Die Tiere müssen den Hof nicht verlassen. Bei der Schlachtung sind die ihnen vertrauten Landwirte bei ihnen.

WILLICH-ANRATH: STAUTENHOF

Daher stammt das hier angebotene Fleisch ausschließlich von den eigenen Tieren. Die vor Ort erhältliche Feinkost, Salate, Antipasti, Suppen und Eintöpfe (auch vegane Erbsensuppe) werden auf dem Hof hergestellt. Kartoffeln, Gemüse, Salat und Eier stammen ebenso vom Stautenhof wie das Vollkorngetreide, das vor Ort gemahlen und im Holzbackofen gebacken wird. Die Alpakaseife wird aus der Wolle der eigenen Herde produziert. Durch den Zukauf weiterer Bio-Produkte mit gekennzeichneter Herkunft ergibt sich ein Vollsortiment im hofeigenen Naturkostladen.

Monatlich finden zudem offene Hofführungen zu wechselnden Themen, Feste und Veranstaltungen statt. Die Palette reicht von den Kartoffeltagen über Wurst machen bis hin zu „Steffis Kneipenquiz“, Lesungen „unter den Linden“, Weinverkostungen und Steak Tasting bis hin zu buchbaren Kindergeburtstagen, Lernangeboten und Gruppenführungen für alle Altersklassen und Interessengebiete. Hier findet jeder was!

Tipp

Der Besuch des Stautenhofs lässt sich sehr gut mit einem Aufenthalt im Schlosspark Neersen verbinden – einem Ort, der einfach nur Freude macht. Die 800 Jahre alte Wasserburg dient heute als Rathaus und Sitz der Verwaltung. Der englische Landschaftsgarten wurde mit Rosengarten und Orangerie, Spielplatz, Erfahrungsfeld, Umweltstation, Kunstinstallationen, öffentlichen Sportkursen und dem „Park der Sinne“ als Erholungsraum für die Bevölkerung gestaltet. Den Eispavillon und die Theaterfestspiele, die im Sommer im Schlossinnenhof stattfinden, sollte man nicht verpassen.
www.stadt-willich.de
www.festspiele-neersen.de

XANTEN: KRIEMHILD-MÜHLE

Vom Wehrturm zur Mitmach-Mühle

Weithin sichtbar grüßt der historische Stadtkern Xantens mit den beiden hohen Türmen des Doms, den historischen Stadttoren, die ihnen zu Füßen liegen, und den noch weiter außerhalb Neugier und Aufmerksamkeit weckenden Relikten und Nachbauten der römischen Stadt Colonia Ulpia Traiana im Archäologischen Park unweit des Südsee-Ufers. Ein Grüngürtel umfasst weite Teile der mittelalterlichen Stadtbefestigung. Nähern wir uns vom Archäologischen Park her dem Nordwall, stoßen wir auf die Kriemhild-Mühle, einen historischen Bau mit einer langen, spannenden Geschichte. Erbaut im 14. Jahrhundert als Wehrturm im Verlauf der Stadtmauer, diente das Gebäude später als Wohnung des Nachtwächters, als Gartenhaus und schließlich als Ölmühle. 1992 erwachte es aus seinem Dornröschenschlaf und seitdem drehen sich die Mühlenflügel wieder im Wind.

Täglich wird hier gebacken, was das Zeug hält – nachhaltig, mit Korn vom Niederrhein, das zwischen den Mühlsteinen zu Vollkornmehl zermahlen wird und durch den Trichter hinunter in die Mehltonne rieselt und schließlich zu Vollwertbrot und Gebäck verarbeitet wird. Jeden Abend wird ein kräftiger Sauerteig angesetzt, der erst am nächsten Tag gebacken wird. Das so entstandene Roggenbrot verblüfft mit einer Haltbarkeit von 10 bis 14 Tagen, das Mischbrot bringt es immerhin auf eine Woche. Wer es weich und süß mag, wird von dem Stuten aus Vollkorn-Weizen- und Dinkelmehl maßlos entzückt sein!

XANTEN: KRIEMHILD-MÜHLE

•

Kriemhild-Mühle
Nordwall 5, 46509 Xanten
www.kriemhild-muehle.de

Auch bei den „süßen Sünden“ wird nur mit frischer Molkereibutter, Honig und/ oder Vollrohrzucker gearbeitet, ohne jegliche Konservierungsmittel, Aroma- oder Farbstoffe.

Neben unzähligen Brot- und Gebäcksorten bis hin zu ausgefallenen Teilchen-Kreationen und teilweise veganen Kuchensorten wird ein breites, vorwiegend aus der Region stammendes Bio- und Naturkost-Sortiment angeboten. Neben dem Verkauf in der Mühle selbst wird das Brot in einer weiteren Verkaufsstelle an der Xantener Straße in Rheinberg, auf mehreren Wochenmärkten und bei der „Marktschwärmerei" in Bedburg-Hau (siehe Seite 10) angeboten.

Als Tüpfelchen auf dem i befindet sich in der Kriemhild-Mühle Xantens höchster Weinkeller! Doch das ist noch nicht alles, was Besucher entdecken können, die den steilen Aufstieg zwischen den Eichenbalken hinauf wagen. Sie werden schon erwartet, von den Mühlsteinen aus Eifelbasalt, den hölzernen Zahnrädern und dem knarrenden, enorm großen Winkelgetriebe. Durch eine Tür gelangen sie auf die Galerie, wo ihnen der Wind um die Nase weht, sich die nach holländischer Art mit Baumwollsegeln bedeckten Flügel drehen und die Aussicht auf Xanten und den Kurpark den Atem raubt. Hier oben laden Tische und Bänke zum Verzehr der im Laden angebotenen Leckereien ein, ebenso wie unten im Grüngürtel, in Sichtweite des schrecklichen Drachens, umgeben von Natur und historischen Bauten.

Mitmachen ist möglich: Für Gruppen, Kindergärten, Schulklassen, Betriebsausflüge und Kindergeburtstage wird ein breites Programm angeboten, das vom Backen über Führungen bis hin zum Segelsetzen und Säcke heissen (= hissen) keine Wünsche offenlässt.

Tipp

Ein Besuch der Kriemhild-Mühle sollte definitiv mit einer Besichtigung der historischen Altstadt Xantens verbunden werden. Unzählige historische Gebäude sowie die mittelalterliche Stadtbefestigung laden zum Entdecken ein. Eine vielfältige Gastronomie bietet Gaumenfreuden und die Südsee lockt mit Freizeitspaß im und am Wasser. Entspannung und Erholung im Luftkurort finden Gäste im Kurpark mit Kneipp-Stationen und Gradierwerk.
www.xanten.de

VIERSEN-SÜCHTELN: KÜRBIS-TRÄUME

Zur Saison ab ca. Mitte August bis November werden auf der baumbestandenen Wiese vor dem Hof über 120 Sorten Kürbisse auf dekorativste Weise dargeboten, davon etwa 30–40 Sorten Zierkürbisse und reichlich Produkte und Dekoratives rund um die vielseitigen „größten Beeren der Welt". Zudem gibt es Infos zu Bastelmöglichkeiten und zur Zubereitung von Kürbissen.

Bauernhof Familie Kudlich, Grefrather Straße 228, 41749 Viersen-Süchteln | Tel. 02162 70823
BauernhofKudlich@lwkudlich.de | www.facebook.com/Kürbis-Träume-101219403674492/

VIERSEN-SÜCHTELN: LANDLÄDCHEN

Im liebevoll eingerichteten Landlädchen der Familie Gütges werden neben der hofeigenen Rohmilch, hausgemachten Fruchtaufstrichen, Säften und Likören auch eigene Kartoffeln präsentiert, unter anderem die rotschalige, gelbfleischige, weichkochende „Red Fantasy". Freilandeier, Obst, Gemüse, Brot und Backwaren, Käse- und Butterspezialitäten, Wurstwaren, Eingemachtes, Wein, Deko- und Geschenkartikel und vieles mehr ergänzen das Angebot.

Georg & Gaby Gütges, Rader Weg 2, 41749 Viersen-Süchteln
Tel. 02162 70395 | landlaedchen.guetges@t-online.de | www.land-laedchen.de

VOERDE: SPELLENER BAUERNMARKT

Termin: freitags 14–18 Uhr

Angebot: Landwirtschaftliche Produkte vom Erzeuger – Obst, Gemüse, Kartoffeln, Eier, Marmelade, Fleisch, niederrheinische Wurstspezialitäten, Pflanzen, Brot, Gebäck, Fisch, Käse, Säfte, Liköre

Dorfplatz Spellen, Friedrich-Wilhelm-Straße,
Mehrumer Straße, 46562 Voerde | www.voerde.de

WACHTENDONK-WANKUM: HOFLADEN SCHRIEVERS

Was als Schnittblumenbetrieb anfing, ist heute ein Hof mit Herz. Bereits vor der Tür des Hofladens laden ein Spielplatz, ein Streichelzoo, ein Kinder-Fuhrpark und der Freilandauslauf der Hühner zum Freuen und Entdecken ein. Sehr beliebt sind die hofeigenen Gänse- und Hühnereier sowie die vor Ort angebauten Kartoffeln, Tomaten, Gurken, Paprika und Erdbeeren. Im Winter ist der Feldsalat aus eigenem Anbau sehr gefragt.

Harzbecker Str. 2, 47669 Wankum, Tel. 02836 972764 | www.hofladen-schrievers.de

WEEZE: BIOHOF BÜSCH

1984, als Barbara und Johannes Büsch als Bioland-Betrieb Pionierarbeit leisteten, wurde Bio noch belächelt. Heute versorgt der Hofladen, inzwischen geführt von Simone Schmitz, die Kunden nicht nur mit 2500 Bioprodukten, sondern bietet zudem einen Lieferservice an. Viele Gemüsesorten, Kartoffeln und Getreide werden Demeter-zertifiziert selbst angebaut. Eier aus dem Hühnermobil sowie Fleisch von Limousin-Rindern und Coburger-Fuchs-Schafen stammen vom eigenen Bio-Hof.

Niederhelsum 1a, 47652 Weeze, Tel. 02837 2050 | info@buesch-naturkost.de
www.buesch-naturkost.de

WESEL: SPARGEL- UND OBSTHOF HEINEN

Umgeben von endlosen Feldern wächst außerhalb von Wesel Gutes vom Land: Bio-Spargel, Erdbeeren, Äpfel und Süßkirschen. Hühnermobile sorgen für frische Freiland-Eier. Nachhaltigkeit wird hier großgeschrieben! Unter Einsatz modernster Methoden wird die Natur nicht nur geschont, sondern aktiv geschützt und unterstützt. Im Hofladen erhalten Kunden hohe Qualität zu fairen Preisen. Ergänzende Produkte stammen direkt aus der Nachbarschaft, beispielsweise vom Landschwein „Obrighovico".

Obrighovener Straße 121, 46485 Wesel
Tel. 0281 89452 | info@hof-heinen.de
www.heinen-spargel.de

XANTEN BRAUHAUS JÄGER

In Planung:
Brauhaus, Brauseminare.

46509 Xanten
www.brauhaus-jaeger.de

REGISTER

(Fast) jeder Betrieb bietet Events und Festveranstaltungen an.

Ortsverzeichnis

Verzeichnis der Betriebe und Märkte

Register

Hofläden mit (fast) allem

Manufakturen

Regionale Märkte

Register

Onlineverkauf

Verkaufsautomaten

Weitere Angebote

Gastronomie, Hofcafé

Selbsternten

Besichtigungen, Führungen, Kurse, Seminare

Register

Übernachtung

Vermietung

Produkte

Backwaren, Getreide

Bier

Eier, Geflügelprodukte

Eis

Fleisch, Wurst, Fleischwaren

Register

Register

Milchprodukte, Käse

Nudeln, Pasta

Säfte, Tees

Seifen

Spargel

Speiseöle, Essig

Spirituosen, weinhaltige Getränke, auch alkoholfrei

Weihnachtsbäume

Wolle, Felle, Daunen, Bekleidung

ÜBERSICHT DER ORTE

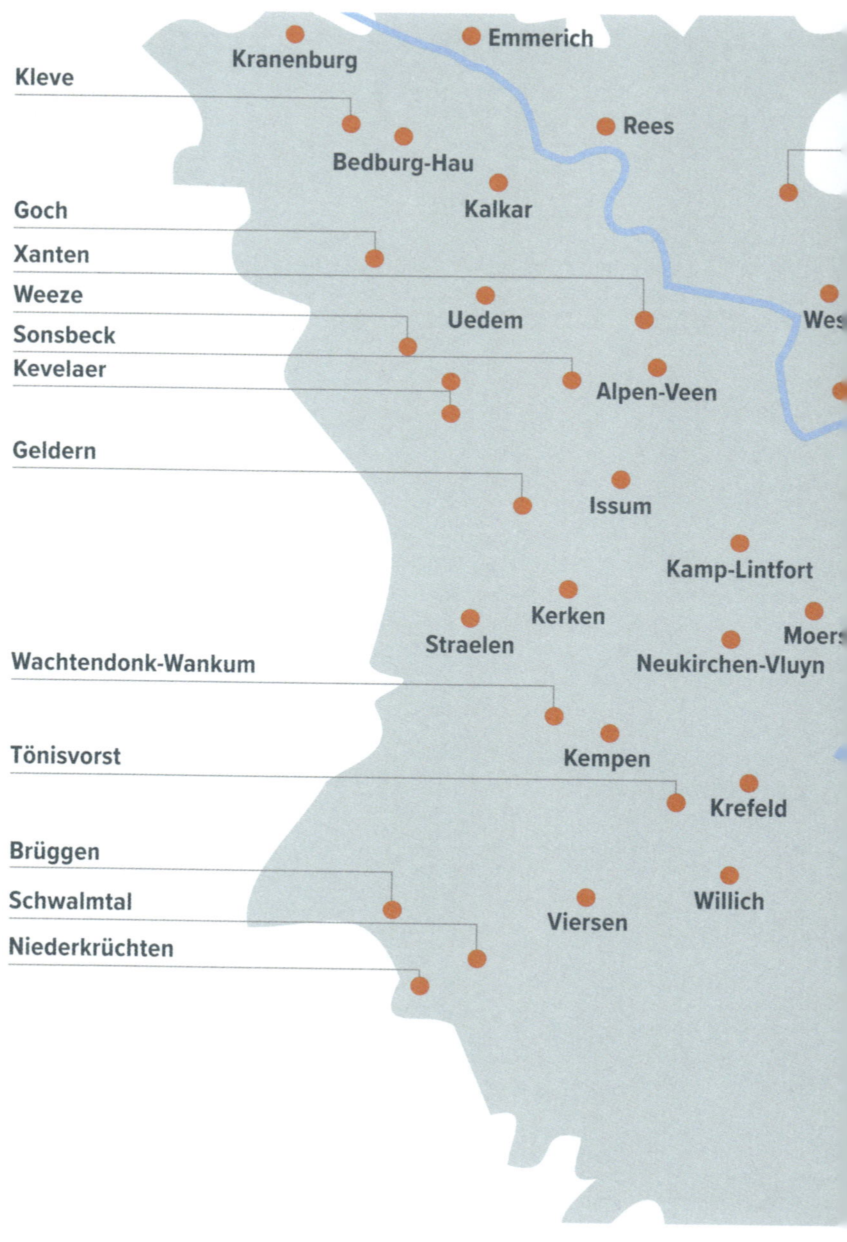

Hamminkeln

Schermbeck-Gahlen

Hünxe

Voerde

ISBURG

WUPPERTAL

ÜSSELDORF

RHEIN

Weitere Bücher über Ihre Region

Niederrhein entdecken!
1000 Freizeittipps
Susanne Wingels
192 Seiten, zahlr. Farbfotos
ISBN 978-3-8313-3576-3

Weihnachtsgeschichten vom Niederrhein
Ulrike Renk
80 Seiten, zahlr. schw./w. Fotos
ISBN 978-3-8313-2747-8

Niederrhein
Schlösser, Burgen, Herrenhäuser und Rittergüter
Susanne Wingels
72 Seiten, zahlr. Farbfotos
ISBN 978-3-8313-3252-6

Niederrheiner erzählen – 1900 bis 1960
Clemens Reinders
112 Seiten, Farb- und schw./w. Fotos
ISBN 978-3-8313-3251-9

Wartberg-Verlag GmbH
Im Wiesental 1 | 34281 Gudensberg
www.wartberg-verlag.de
Bücher für Deutschlands Städte und Regionen
Tel. 0 56 03-93 05 0
Fax 0 56 03-93 05 28